Hans vom Hagen

Neuere Forschungen

69 Traktate über Gott und die Welt

Bearbeitet von Rudolf Richter.
Bremen, anno domini 2011

Verlag
AWB-Verlag Berghorn e.K.
Bremen

Bibliographische Information
der Deutschen Bibliothek:
Die Deutsche Bibliothek verzeichnet diese Publikation
in der Deutschen Nationalbibliografie;
detaillierte bibliografische Daten sind im Internet über
http://www.dnb.de
abrufbar.

Herstellung:
Books on Demand GmbH, Norderstedt

Originalausgabe 2011
Printed in Germany

ISBN 978-3-938290-02

Inhalt:

Mensch und Spekulation

Neuere Forschungen haben ergeben, dass Menschen gern über Gott und die Welt spekulieren. Spekuliert wird über das eigene Aussehen, die Körbchengröße der Nachbarin, Aussichten beim Pokern, das Wetter von morgen, die Schuldenprobleme im Land, den Terrorismus, die weltweite Entwicklung des Klimas, Eisprobleme in den Alpen und Grönland, Vollmond und Neumond, Raumfahrt mindestens bis zum Mars, Gentechnik und Nanotechnologie, den lieben Gott und die Erschaffung der Welt. Am wichtigsten sind natürlich die Spekulationen über Warentermingeschäfte, Wertpapiere und Hedgefonds, die Entwicklung der börsennotierten Aktien und der Währungen, ob Euro, Dollar oder Yen. Über China wird nicht spekuliert. China reagiert auf Europa und domestiziert. Über die Börse, den unmittelbaren Sitz der Spekulation, vergleichbar dem menschlichen Herzen, sind täglich mehr und häufigere Berichte im Umlauf als über Naturkatastrophen und Verkehrsunfälle. Einzig die Aussichten auf das künftige Wetter erreichen diese Größenordnung. Wenn die Börse anfällig wird, kommt es zu wilden Spekulationen. Die einen setzen auf steigende Kurse, die anderen auf fallende, die Banken verspekulieren sich und werden gestützt, die Reichen werden immer reicher und die Armen immer ärmer, das ist praktisch ein Naturgesetz im Kapitalismus. In diesen Systemen zahlt immer der kleine Mann, soweit er steuerpflichtig ist und keinen Freibetrag geltend machen kann: Der größte Lump im ganzen Land, das ist und bleibt der Spekulant.

Arm und reich

Neuere Forschungen haben ergeben, dass Armut und Reichtum einander wechselseitig bedingen. Kein Mensch ist arm und reich zugleich. Andererseits handelt es sich nicht um ein Nullsummenspiel. Der Reichtum wächst beständig, und die Armut nimmt stetig zu, ohne daß von einem gerechten Ausgleich die Rede sein könnte, trotz "Brot für die Welt" und einschließlich des Heiligen Martin und seines halben Trenchcoats. Die Wissenschaft belegt dies signifikant durch den "Briefträger-Effekt". Danach geben ärmere Mitbürger häufiger ansehnliche Trinkgelder an Postboten, die nur ihren Beruf ausüben, als es Reiche zu tun pflegen. Ähnliches gilt für den "Klingelbeutel-Effekt". Hier ist die Signifikanz zweifelsfrei gesichert, da es sich im Prinzip um einen diskreten Vorgang handelt. Küster aller Religionen bestätigen übereinstimmend, dass Reiche zumeist über Kleingeld verfügen, wenn auch nur in bescheidenem Umfang. Kleingeld ist schließlich klingende Münze und von ungleich größerem Gewicht als ein ärmlicher Schein. Dieser Zusammenhang entgeht den Armen, weswegen sie Papiergeld bevorzugen, über das sie im Grunde nicht verfügen. So schließt sich der Kreis. Die Armen werden immer ärmer, weil sie mit eld nicht umgehen können, und die Reichen werden immer reicher, weil sie zur rechten Zeit sparen und investieren. Das ist lediglich ein Verteilungsproblem. Barmherzige Brüder, habt ihr begriffen? Der Heilige Martin zerstörte seinen Mantel, indem er ihn teilte. Ob reich oder arm – zieht euch warm an.

Mensch und Ehe

Neuere Forschungen haben ergeben, dass der Mensch für eine glückliche Ehe zu alt wird. Vor Zeiten war das kein Problem. Man heiratete mit 18, oder früher, und ging mit 25 oder reichlich früher fremd. Mit 40 starb man, Absolution eingeschlossen. Heutzutage, wenn sie lange währt, währt die Ehe mindestens 50 Jahre. Immer mit derselben oder mit demselben Problem, das hält auf die Dauer kein Ochse aus. Da muss eine Scheidung her, koste es, was es wolle. Eigentlich unbezahlbar, aber es gilt, das Joch der Ehe abzuschütteln. Millionäre lassen sich gewöhnlich bis zu sechsmal scheiden, ehe die Rendite-Kurve die Lebenslinie schneidet. Die Armen sind arm dran. Weil sie die nötigen Mittel nicht haben, greifen sie oft zum letzten Mittel. Das gibt ein Ende mit Schrecken, eine Scheidung auf "Italienisch". Das läuft, wie auch die vermeintlich glückliche Ehe, auf bis zu "lebenslänglich" hinaus. Der Normalbürger hingegen kann höchstens eine einzige Scheidung verkraften, wenn sein Lebensstandard nicht ins Bodenlose sinken soll. Zuvor sind sieben Jahre vergangen, Seitensprünge sind verboten, aber noch einmal sechs mal sieben Jahre stehen ins Haus, ins hoch verschuldete. Eher teilt die Bausparkasse einen Bausparvertrag zu, als daß ein gerechter Richter uns von unseren Unterhaltszahlungen befreit. Die Forschungsergebnisse lassen nur einen Schluss zu: Vor dem Betreten des Standesamtes ist eine Scheidungsversicherung nachzuweisen oder eine Kaution zu stellen, in mindestens doppelter Höhe der Scheidungskosten.

Geben und Nehmen

Neuere Forschungen haben ergeben, dass Geben seliger ist denn Nehmen. Denn wer gibt, dem wird gegeben, wer aber nimmt, dem wird genommen. Unsere lieben Arbeitsplätze und die teure Arbeit: Gott hat sie gegeben, Gott hat sie genommen. Das verstehen selbst unsere eifrigen Gewerkschafter. In diesem unserem Land ist denn auch der Arbeitgeber ungleich seliger denn der Arbeitnehmer. Ersterem wird gegeben, letzterem wird genommen, tausendfach. Wessen Kapital arbeitet, der ist des Herrn. Wer aber seine Arbeitskraft gibt um ein Geringes, der ist nicht des Herrn. Leibeigen sind wir alle, haben wir erst unser Leben dem Arbeitsmarkt und damit den höheren Mächten geweiht. Brüder in Christo, die Weltordnung ist gerecht, die beste aller möglichen. Nur ist unser Verstand zu gering, um dies ganz zu fassen. Wer selbst nicht Arbeit nimmt, weil Zins und Zinseszins ihm einen sorgenfreien Lebensabend versprechen, der soll sich nicht grämen. Er mag prassen, bis dass der Tod uns scheidet. Zwar kann niemand ohne Magenbeschwerden mehr als drei Koteletts essen, oder auch vier, mit Sodbrennen und Gottes Segen, in einer guten Stunde. Aber selig sind die, die da nicht essen und trotzdem nicht murren, denn des Geschreis wäre sonst kein Ende. Wie auf Erden, so auch im Himmel. Oder glaubt irgendein Unbedarfter im Ernst, dass da oben die Letzten die Ersten sein werden? Eher geht ein Kamel durch ein Nadelöhr. Selig sind, die da arm sind. Sie sind es im Himmel, wie hier auf Erden, in der Suppenküche.

Auge und Weiber

Neuere Forschungen haben ergeben, dass das Auge im Prinzip einer Fernseh-Kamera nachgebildet ist. Allerdings entbehrt das Auge des aus der Videotechnik sattsam bekannten "Zoom-Effekts". Das menschliche Auge ist nicht imstande, seine Brennweite nachhaltig zu ändern. Wie schon Basedow nachgewiesen hat, gilt dies sogar für hervorquellende Augäpfel. Die Brennweite ändert sich nicht merklich, lediglich ein Gefühl der Hilflosigkeit entwickelt sich. Strangulationsmerkmale sind zu beachten. Fernrohre, Brillen und andere optische Hilfsmittel sollen diesen Nachteil ausgleichen. Indessen, das Auge ist beweglich. Dies fällt insbesondere bei Männern auf, die sich einer Anzahl stattlicher weiblicher Personen gegenüber sehen. Diese Männer zwinkern mit den Augen, verrenken oder verdrehen sie vor Begeisterung. Nachgerade flimmert es ihnen vor denselben, den hervorquellenden. Zunächst versuchen sie, diesem Effekt zu begegnen, indem sie die Augen niederschlagen. So das nicht hilft, beginnen sie, mit den Augen wild in einer unnachahmlichen Art zu rollen. Sollte jedoch die Schlingerfestigkeit des menschlichen Auges, nicht vergleichbar der der besten Fernsehkameras, nicht ausreichen, die Bewegungen vollständig zu kompensieren, werden die männlichen Personen von Übelkeit heimgesucht, während die Fernsehkameras nur leicht gestört reagieren. Der Volksmund nennt diesen Effekt "Mattscheibe". Störungsfreie Bilder liefert das männliche Auge nur, wenn keine attraktiven nackten Weiber in Sicht sind.

Kuss und Reaktion

Neuere Forschungen haben ergeben, dass der Kuss nur zum kleineren Teil ein psychologisches Problem darstellt. In erster Linie geht es beim Kuss um das Aufeinandertreffen zweier Lippenpaare, im Normalfall von Mund zu Mund. Die gleichnamige Beatmung als "Erste Hilfe" ist durchaus von medizinischem Interesse, spielt im Folgenden aber keine Rolle. Der Kuss ist ein überwiegend langsamer Vorgang, weswegen die Gesetze der Ballistik keine Anwendung finden. Hydrodynamisch gibt ein Kuss gleichfalls weniger her, weil die Mechanik der Flüssigkeiten trotz Grenzschichteffekts nicht anwendbar ist. Übrig bleiben die chemischen Prozesse und die biologischen Auswirkungen nach der Reiz-Reaktions-Hypothese. Erstere beeinflussen durchaus die Geschmacksnerven der Probanden, langfristig gesehen und unter günstigen Umständen auch deren Gesundheit insgesamt. Letztere sind die eigentlich interessanten Aspekte. Versuchsreihen mit jeweils über 2000 Küssenden ergaben, dass vordergründig die Zunge, weniger die Zähne, mittelbar die großen Zehen und unmittelbar das Kleinhirn (Realitätsverlust) angesprochen werden. Das Rückenmark reagiert ebenfalls heftig ("Präkoitale Dilatation"). Die Zirbeldrüse ist ebenso betroffen sowie, vorzugsweise bei Männern, die Lendenmuskulatur (Verspannung des Präcox). Überdies handelt es sich bei einem leidenschaftlichen Kuß um ein Dichtungsproblem klassischen Ausmaßes, wie Homer bewiesen hat. Versuche an Primaten zeigen, dass Küsse lecken – ob mit oder ohne Dichtung.

Goldhamster und Kopulation

Neuere Forschungen haben ergeben, dass häufig und schnell kopulierende Goldhamster früher sterben als ihre langsameren Artgenossen. Letztere bekunden ihr mangelndes Interesse an der Fortpflanzung oft durch unhöfliches Benehmen gegenüber den sonst so umworbenen Weibchen. Der Grund ist, dass ein voll gefressener Goldhamster auf die Anwesenheit eines kopulationswilligen Weibchens mit Unlust reagiert. So nimmt die Kopulationshäufigkeit rapide ab - verglichen mit normalen Goldhamstern um bis zu 300 Prozent. Vielfach kommt es in Monaten nur zu einer einzigen Kopulation, und selbst diese wird unlustig vollzogen. Die Goldhamsterweibchen reagieren entsetzt, haben aber naturgemäß keine wirksame Gegenstrategie, da sie diese äußerst lahmen Männchen nicht vergewaltigen können. Die häufig kopulierenden Machos unter den Goldhamstern hingegen bewegen sich flink. Sie sind ständig mit mehreren Weibchen in Kopulationshändel verwickelt, gönnen sich keine Pausen, nicht einmal zum Fressen, weswegen sie abmagern und früh sterben. Ihre Kopulationshäufigkeit legt den Schluss nahe, dass sie ob ihrer Flinkheit und Hemmungslosigkeit an mehreren Orten zugleich kopulieren. Dies konnte jedoch durch Computeranalysen ihrer Bewegungsabläufe wissenschaftlich widerlegt werden. Unter dem Strich verbleibt als Tatsache, dass die häufig kopulierenden Goldhamster früh versterben - ein nunmehr aufgeklärtes Rätsel. Homosexualität kommt übrigens unter häufig kopulierenden Goldhamster-Machos kaum vor.

Hören und Sehen

Neuere Forschungen haben ergeben, dass Hören und Sehen komplementäre Sinne sind wie auch Riechen und Fühlen. Schmecken ist als Sinn zu sich selbst komplementär, ergänzt sich demnach selbst zu Unsinn. Hören und Sehen vergeht den Menschen sprichwörtlich oft, von Fühlen, Schmecken und Riechen ist da weniger die Rede. Ob Sinn oder Unsinn sei dahingestellt. Sprichwörtlich heißt es weiter, wer nicht hören will, muss fühlen. Wer aber nicht sehen will, muss der riechen oder schmecken? Fernhören und Fernsehen sind uns Heutigen geläufige Begriffe. Aber bewahre uns Gott vor dem Teleschmecken, den Fernfühlen und dem Fernriechen. Alle Sinne per Elektronik und Simulation integrieren zu wollen, macht virtuell keinen Sinn. Ehe uns Hören und Sehen vergeht, wollen wir noch ein wenig real fühlen, riechen und schmecken. Am besten im Hier und Jetzt, und nicht im Übermorgen. Jedenfalls solange uns der sechste Sinn abgeht. Was ist der sechste Sinn? Die einen glauben, dass es ihn gibt, die anderen nicht. Der sechste Sinn liefert uns die stärksten Vorurteile. Ob jemand den sechsten Sinn hat oder nur Instinkt, kann man nur vermuten, nicht beweisen. Unterstellt, es gäbe ihn, wäre seine Bezeichnung ein Begriff, stärker als "Ahnen" und schwächer als "Wissen". Instinkt und Intuition, angeborenes Wissen und Eingebung, sagen uns, daß es den sechsten Sinn nicht geben kann. Da sind wir anderer Meinung als jene Zeitgenossen, die mit Kartenlegen und Horoskopen ihre Zeit vertun – instinktiv und intuitiv.

Gold und Silber

Neuere Forschungen haben ergeben, dass der Recht hat, der da behauptet, Schweigen sei Silber und Reden sei Gold. Die Umkehrung dieses Satzes galt früher, aber nicht mehr im Zeitalter der Reklame. Je lauter der Ton, desto glänzender das Gold. Schweigendes Silber ist von geringerem Wert und Gewicht als beredtes Gold. Schweigen kann uns etwas mitteilen, aber nur in diesem Zusammenhang. Reden soll uns etwas mitteilen, ohne Rücksicht auf den Zusammenhang. Politiker beweisen uns, dass das nicht uneingeschränkt gilt. Ein beredtes Schweigen ist geboten ob dieses Zusammenhangs. Reden wir, so werden wir schuldig. Schweigen wir, so werden wir mitschuldig. Wer Gold verbirgt, hat auch Silber vergraben. "Morgenstund hat Gold im Mund", von Silber ist nicht die Rede. Das walte unser Zahnarzt, bei dem wir das Silberamalgam durch blankes Gold haben ersetzen lassen. Gold und Silber braucht der Reiche wie die Luft zum Atmen. Dem Armen bleibt sie ohnehin vorzeitig weg. Gott wird es lohnen, im Himmel klaut niemand silberne Löffel. "Morgenstund' hat Gold im Mund" ist da oben ohne Glanz. Schweigen ist Silber und Reden ist Gold - im Zeitalter der aggressiven Reklame eine werbewirksame Feststellung. Und so reden sie denn, ein jeder in der eigenen Sprache äußerster Werbung: Hat nichts zu bedeuten, Gold und Silber sind vor der Ewigkeit wie Talmi und Blech. Zu dünn und falsch, um darüber zu reden, und nahezu wertlos. Reden und Schweigen sind faule Wechsel, die im Himmel nicht eingelöst werden.

Sparen und Politik

Neuere Forschungen haben ergeben, dass unter Sparen verschiedene Handlungsweisen im Umgang mit Geld und geldwerten Leistungen verstanden werden. Das einfache Sparen meint schlicht, dass vorhandenes Geld nicht ausgegeben, sondern in einem speziellen Behälter oder Raum zwischengelagert wird, beispielsweise auf der "Hohen Kante". Die "Hohe Kante" ist eine äußerst konsumfeindliche Einrichtung, über die sich letztlich nur die lachenden Erben freuen. Negatives Sparen bedeutet, Darlehen aufzunehmen in der Absicht, sie später, viel später, zurückzuzahlen. Negatives Sparen ist eine sehr fortschrittliche und zeitgemäße Form der Sparens, die allerdings häufig zu Missverständnissen führt. Spätestens die Erben verstehen nicht mehr Sinn und Notwendigkeit. Virtuelles Sparen hat sich als Fachwort eingebürgert für einen schwierigen Spar-Vorgang, bei dem am Ende nicht genau feststeht, was dazu geführt hat und wohin das führt. Virtuelles Sparen bedeutet, Geld nicht auszugeben, das man nicht hat. Es erfreut sich in den Erfolgsmeldungen unserer Politiker allgemeiner und sehr verbreiteter Wertschätzung. Negativ-virtuelles Sparen tritt in Einzelfällen auf, ist aber derzeit noch nicht erforscht. Es handelt sich um einen Vorgang, bei dem einerseits nicht gespart wird - andererseits kein nicht vorhandenes Geld ausgegeben wird. Gesichert ist bisher nur, dass dabei durch virtuelle Sparmaßnahmen so viel Geld verschwindet wie sonst nirgendwo. Deshalb sind die Aktienmärkte bis heute verunsichert.

Zeit und Uhr

Neuere Forschungen haben ergeben, dass die Zeit erschreckend ungleichmäßig vergeht. Einsteins Relativitätstheorie wird davon nicht berührt, da sie eine Gegebenheit der beobachtbaren Wirklichkeit abhandelt, während sich die neueren Erkenntnisse auf die erlebte und menschlich empfundene individuelle Zeit beziehen. Grob gesprochen besagt die neue Theorie, dass die Zeit im Kindesalter besonders langsam vergeht. Im Jugendalter beschleunigt sie unmerklich, bis sie im Erwachsenenalter dermaßen an Fahrt gewinnt, dass sie im Greisenalter mit einer Geschwindigkeit vergleichbar der des Lichts enteilt. Dabei eiert die Zeit gewaltig, weil sie unrund ist. Unangenehme Situationen dauern unendlich lange an, während umgekehrt der Überschwang mit dem Wind verweht, aber mindestens doppelt und dreifach so schnell. Uhren kann man anhalten, die Zeit nicht. Es gibt Gegenden, in denen die Uhren rückwärts gehen, aber leider werden wir alle nicht jünger. Die Zeit läuft, und sie läuft ab. Theoretisch erscheint eine Zeitumkehr als möglich, aber Erfahrungswerte sind nicht bekannt. Von Interesse ist auch die Zeit nach dem individuellen Tode. Noch unbewiesene Vermutungen besagen, dass dann die individuelle Zeit still steht bis in alle Ewigkeit. Obwohl die Zeit sich messen lässt, ist sie stets zu knapp bemessen. Zeit ist Geld, aber keine Zeit mehr zu haben, ist ärgerlicher als ohne Geld zu sein. Dies leuchtet Dir und mir jedoch erst ein, wenn unsere Zeit abgelaufen ist. Allerdings ist es dann zu spät.

Käse und Rotwein

Neuere Forschungen haben ergeben, dass Käse und Rotwein eine ausreichende Lebensgrundlage für eheähnliche Gemeinschaften darstellen. Dem Käse als dem allumfassenden Lebensmittel kommt aber eine besondere Rolle zu, während Rotwein je nach Lebensalter eine mehr triebdämpfende Wirkung entfaltet, sofern der reine Wasserhaushalt des Körpers von Darreichungen unberührt bleibt. Käse in seinen vielfältigen Ausformungen begegnet uns sowohl in der körperlichen Welt ("Käsefüße", "Harzer Roller") als auch in der geistigen (verglichen "Existentialismus", "Alles Käse"). Insofern tritt uns Rotwein als Vertreter aller gesunden und zugleich berauschenden Getränke in mannigfaltigen Bezügen entgegen, während Milch und Wasser keinen Vitaminmangel verursachen. So haben nicht nur Angehörige der größten Kulturnation der Welt, nämlich Frankreichs, die Gewohnheit, ihre Kinder mittels mäßiger, doch stetiger Gaben roten Weins ruhig zu stellen, sondern die gleiche Wirkung bewegt auch Angehörige der zweitgrößten Kulturnation der Welt (ohne Asien, Afrika und die britischen Inseln) ihre Alten mit erlesenen Hochgewächsen ("Rotspon") bei guter Laune zu halten. Dies setzt zumindest in den nicht Rotwein- und Käse-abhängigen Klassen, zumal auch bei jüngeren Mitgliedern, ungeahnte Kräfte für die Fortpflanzung frei. Theoretische Untersuchungen haben zu dem Ergebnis geführt, dass zwischen Rotwein, Käse und Theologie ein unmittelbarer Zusammenhang besteht: Jeweils zwei der drei Bestandteile schließen den dritten aus.

Grill und Ozonloch

Neuere Forschungen haben ergeben, dass der Grill ein universales Küchengerät darstellt. Im Prinzip besteht der Grill aus einem metallenem Grill-Körper, dem Gitterost und dem Grill-Brennstoff. Es gibt im wesentlichen Elektro-Grills, Gas-Grills, Kohlegrills und naturbelassene Grills, wie etwa Rimini oder die Sahara. Gegrillt wird hauptsächlich Fleisch. Reiskörner oder Sojabohnen seltener, dafür mitunter Menschenfleisch, aber überwiegend nur in den Regionen mit naturbelassenen Grills. Das Endprodukt ist äußerst schmackhaft und trotz des reichlichen Öls in der Regel gut verdaulich. Die Kruste wird besonders geschätzt, da sie neben den unvermeidlichen Kalorien auch wohltuende Aromastoffe und einige sparsame Vitamine birgt, allerdings nicht geruchsneutral. Sonnenverbrannte Haut wird weniger geschätzt, obwohl auch sie sich der letzten Ölung kaum je entziehen kann. Im Zeitalter des wachsenden Ozonlochs werden Grill, Grillkohle und der Grillvorgang an sich weiter problematisiert. So ist das bedenkenlose Abfackeln von Büschen, Heide- und Grasflächen zwecks Grillens leckerer Singvögel inzwischen tabu - außer in südlichen Ländern. Auch sind hier und da besoffene Landstreicher gegrillt worden, was unverzüglich Jehovas Zeugen auf dem Plan rief, da der "Wachtturm " nur schweigend dargeboten werden darf. Andererseits ist die Witwenverbrennung in Indien seit alters her wohlgelitten. Abschließend sei noch erwähnt, dass zum erfolgreichen Grillen keine Molotow-Cocktails benötigt werden.

Plus und Minus

Neuere Forschungen haben ergeben, dass das Geld nicht nur ein unentbehrliches Zahlungsmittel ist. Geld ist vielmehr ein Wert an sich. Vor Zeiten war es üblich, außer mit Naturalien nur mit einem "Vergelt's Gott" zu zahlen. Später lohnte sich klingende Münze. Noch später hat irgendein Neunmalkluger begriffen, dass sich Gold auch durch Papier und Sprüche aufwiegen ließe, von wegen: "Reden ist Silber". Die Aufforderung: "Geld oder Leben" - das eine ein materialistischer Tauschwert, das andere ein Symbol für immaterielle Verluste, hat eine gewisse Tradition: Varus stürzte sich in sein Schwert, aber Judas trug 30 Silberlinge zur Bank. Heutige Bankrotteure rufen nach verlorenen Milliarden, während der Staat die Steuern erhöht und die Inflation ihre Kinder frisst. Alles hängt an Gold und Geld. Geld und Gold als Zwillinge des Vaters Mammon, des schnöden. Im Zeitalter der Plastikkarte hat reales Geld ausgedient. Gefragt ist vielmehr Buchgeld, als im Tresor vorhandenes Guthaben oder als gewährter Kredit. Gleichviel, Geld hat zumeist der, der es nicht nötig hat. Kein Geld und kein Gold haben Du und ich, aber auch kaum Kredit. Kredit jedoch ist die Krone der Schöpfung, ein Wechsel auf das kommende Himmelreich, leider ohne einen Gott, der diesen Wechsel einlöst. Ein Kredit ist vollkommen menschlich, das Versprechen, ein individuelles Vergehen nicht zu bestrafen, ehe der Gläubiger nicht selbst bankrott ist. Immer noch gilt der Offenbarungseid als krönender Abschluss eines Konkurses.

Computer und Gott

Neuere Forschungen haben ergeben, dass der Computer selten ein teures Denkzeug ist. Im Gegenteil, er wird kaum als Denkzeug genutzt, vielmehr vertreiben wir uns die kostbare Zeit mit seltsamen Spielchen. Folglich hat der Computer inzwischen Form und Funktion eines Götzenbildes übernommen. Das Denken tritt dabei in den Hintergrund. Der Tanz um das Goldene Kalb war immerhin eine Gemeinschaftsveranstaltung. Wir heutigen Einspänner und Individualisten verzichten darauf. Ein jeder will sein eigenes Goldenes Kalb. Kein Problem, das ermöglicht die Massenfertigung kleiner Computer, die "Persönliche" genannt werden, obwohl sie über die Maßen unpersönlich und unausstehlich sind. Um dieses neue Goldene Kalb tanzen wir in dreifacher Hinsicht. Zuerst bezahlen wir teuer für ein Vergnügen, das keines ist. Dann widmen wir ihm unsere kostbare Freizeit und legen seinen Rhythmus über den unseren. Zum unguten Ende bedienen wir willig das Maschinchen. Der Computer löst nur Probleme, die wir ohne ihn nicht gehabt hätten. Er ist unser virtuelles Goldenes Kalb, um das unsere Seelen sich im Reigen drehen, wechselnden Programmen untertan und Sklaven seiner Eingabetastatur. Die Bibel sagt, vor Gott seien 1000 Jahre wie ein Tag. Unglaublich, solange es keine modernen Computer gab. Andererseits kann vor dem Computer sich eine Minute wie eine Stunde dehnen. Allah ist groß. Nur steht vor diesem Gott ein mächtiger Computer, dessen Betriebssystem und Programme immer noch den alten IBM-Standard haben.

Schach und Religion

Neuere Forschungen haben ergeben, dass das königliche Spiel berechenbar ist. Damit hat der Mensch, auch ein Großmeister, keine Chance mehr gegen die Maschine, also einen modernen Kreativ-Computer. Inzwischen lässt sich am Beispiel Schach nachvollziehen, welchen Verlauf der Schöpfungsakt nehmen sollte. Dabei können nicht alle Einzelheiten und ihre Auswirkungen dargestellt werden, weil dazu die Speicherkapazität bei Weitem nicht ausreicht. Immerhin lassen sich die grundsätzlichen Möglichkeiten modellhaft beschreiben. Eine erste Schlussfolgerung geht dahin, dass es wahrscheinlich **GO**tt nicht geben kann. Es ist aber keinesfalls beweisbar, dass es **IH**n mit Sicherheit nicht gibt. Andererseits folgt auch nicht zwingend, dass es **IH**n geben muß. Weder steckt **GO**tt im Turm, noch im Läufer, noch in der Dame, weder im Königsgambit, noch in der Springergabel oder Rochade. Den Heiligen Geist im Patt oder Matt aufzuspüren, ist gleichfalls misslungen. Die Paderborner Variante ist zwar sehr aufschlussreich, aber als Existenzbeweis nicht hinreichend. Die Römische Verteidigung gilt unter Großmeistern als widerlegt, während die Jungfräuliche Eröffnung immer noch als zu risikoreich angesehen wird. Beliebt im Rahmen von Gottesbeweisen sind seit kurzem pseudo-zölibatäre Varianten und Bauernopfer im Endspiel. Allerdings sind auch die modernen Kreativ-Computer der siebenten Generation nicht mächtig genug, um der Ewigkeit ins Auge zu sehen. **GO**tt ist schachmatt und allmächtig zugleich. Remis.

Vollmond und Mond

Neuere Forschungen haben ergeben, dass der Vollmond seinen Namen zu Recht trägt. Er ist wirklich voll, und zwar alle vier Wochen. Dazwischen nimmt er zu oder ab, vergleichbar Ex-Bundeskanzler Kohl zu Ostern. Im Gegensatz zum Neumond ist seinerzeit aber Ex-BK Kohl nie ganz und gar verschwunden, nicht einen Tag oder eine Nacht. Er war auch nicht immer so voll, wenngleich ab und zu doch. Juliane Weber hat den Vollmond geliebt. Im Gegensatz zur derzeitigen Bundeskanzlerin lebt der Mond nicht auf dem Mond. Das wäre eine Wirklichkeitsferne, die ein Vollmond sich nicht leisten könnte. Das Volk würde ihn auch nicht länger verehren, von wegen: "Guter Mond". Der Vollmond ist rund und überaus helle. Das erstere kann man von der Bundeskanzlerin nicht behaupten, es würde sie kränken. Der Vollmond ist auch sozial. Er scheint ohne Mautgebühr auf Arme, Kranke, elend Reiche und Gesunde, wie auf Beamte und Politiker. Vollmond kostet nichts, weswegen ihn die Leute auch nicht schätzen. Vollmond verursacht keinen Hautkrebs, weswegen er das Gesundheitswesen nicht belastet. Höchstens reagiert auf ihn unser Gemüt, in der Regel ungemütlich. Heilkräuter, bei Vollmond gepflückt, sind bei Tag unsere beliebteste Medizin, vorzugsweise im geschätzten Magenbitter. Vorzüglich die Nächte, in denen der Mond völlig fehlt. Unzählige Sterne, aber kein Mond. In lauen Nächten bei Neumond ist alles möglich und unmöglich zugleich. Romantische Gemüter schwören auf solche Nächte, ohne Werwölfe, versteht sich.

Lotto und Kirche

Neuere Forschungen haben ergeben, dass das Glücksspiel "Lotto" überaus populär und weit verbreitet ist. Lotto ist auch eine Art Ersatzreligion. Früher war man freireligiös, strenggläubig, römisch-katholisch oder Luther-evangelikal. Heute übt man ähnliche Gebräuche, aber der Gegenstand der Zuwendung ist ein anderer. Ging man früher jeden Sonntag in die Kirche, so füllt man heute sonnabends den Lottoschein aus - mit der gleichen Hingabe. Besonders Gläubige huldigen dieser Zeremonie auch noch dienstags - für das Mittwochslotto. Zwar entfallen dabei Chorgesang und Predigt, nicht aber Anrufung und stilles Gebet. Ein Mensch füllt seinen Lottoschein aus, voller Andacht und Zuversicht. Seine Hoffnungen bündeln sich in dem Papier der Lottoanstalt, die, wie jede echte Kirche, die ihren ab und an zu sich kommen lässt, allerdings nur soweit, dass sie noch im Stande sind, den nächsten Lottoschein auszufüllen. Der Segen kommt von oben. So jedenfalls erfährt der Lottospieler die Heilsbotschaft seiner Organisation. Hoffen und Harren hält viele in Atem. Der Lottogewinn geht nicht an alle. Nur einige Auserwählte erfahren das Heil, und zwar ein um so größeres, je kleiner ihre Zahl ist. Die Tippgemeinschaften lernen echtes, christliches Teilen, sofern der Schriftführer nicht mit dem Gewinn durchbrennt. Gemeinsam ist beiden Religionen der Kreuzeskult, es wird das Kreuz geschlagen oder gemacht. Wo allerdings der Glaube unmittelbarer und mächtiger zutage tritt, vermag niemand zu sagen.

Frau und Göttin

Neuere Forschungen haben ergeben, dass Frauen autonom sind. Keinesfalls sind sie abhängige Geschöpfe, schon gar nicht von Männern abhängige. Ihre Denkweise ist so sehr von der der Männer unterschieden wie deren Denkweise von der der Affen. Somit ist die Frau eigentlich die Krone der Schöpfung. Gott ist kein alter Mann, sondern dessen Oma. Jesus ist nicht Gottes Sohn, sondern eine Frau, zwar nicht die Jungfrau Maria, sondern deren Urgroßmutter. Die übrigen Verwandtschaftsverhältnisse sind ungeklärt. Fest steht einzig, dass drittens der Heilige Geist niemals in eine Frau gefahren ist. Insofern ist das Matriarchat wohlbegründet, wenn auch durch die Jahrhunderte eher verdeckt transportiert. Laut Schopenhauer, der es wissen muss, sind Frauen an sich der Logik fähig. Allerdings sind Frauen in der Regel unausstehlich, aber immer noch angenehmer als Männer in den Wechseljahren. Eine Frau ist stets ganz Frau, Männer sind häufig unpässlich bis unmännlich, manche sogar unmündig. Starke Weiber sind ein Segen. Das sagt uns Lysistrata, die Kriege verhindert hat, das sagt uns Helena, um derentwillen ein Krieg provoziert wurde. Schöne Weiber sind selten, aber immer noch häufiger als schöne Männer. Schöne und starke Weiber gibt es nur bei Gott in Frankreich. Den Gottlosen hingegen hat der Teufel keifende Weiber beschwert, auf dass sie schon auf Erden klug werden und mit der Buße beginnen. Deine Frau, deine Göttin, Du sollst keine anderen Göttinnen haben neben ihr. Da kennt sie keine Gnade.

Supermarkt und Glück

Neuere Forschungen haben ergeben, dass der Supermarkt in seiner ausgeprägten Form ein moderner Lebensmittelpunkt geworden ist. Hier treffen sich Jung und Alt, Groß und Klein, Arm und Reich und frönen der Lust des Konsums. Zu kleinen Preisen gibt es das kleine Glück, zu großen etwas besonders Großes, für kleine Kinder den Lolli, für Große die diversen Anlagen. Eine Anlage kann alles mögliche bedeuten, vom Computer über Flugzeug und Motorrad bis zum Handy und zur Video-Ausstattung. Zum Ersten, zum Zweiten und in bequemen Raten. Entsprechend befällt uns das Glück, zumeist als Anfall und in unbequemen Raten, seltener als wiederkehrender Zustand und nie als dauerhafter Rausch. Der Volksmund sagt bescheiden, dass glücklich derjenige sei, der etwas vergesse, was nicht zu ändern sei. Dies mag so sein, doch genügt es keinesfalls gehobenen Ansprüchen. Ungehemmter Verbrauch ist, was die Welt im innersten zusammenhält. Und wie die Hexen zum Blocksberg fliegen, so rauschen wir zum nächsthöheren Müllberg. Wir verbrennen keine Hexen mehr, höchstens noch deren Verpackung. Was ein echter Verbraucher ist, der verbraucht am Ende sich selbst. Raucher und Trinker liegen sich in den Armen sowie in den letzten Zügen. Alte und Kranke verzehren sich in der Sehnsucht nach einer heilen Welt. Du und ich, unsere Kinder und Kindeskinder, sind aufgerufen, uns als Konsumenten zu verbrauchen, im Supermarkt im Konsumrausch und auf Raten. Hier sind wir Mensch und hier verbrauchen wir uns ganz.

Kredit und Mensch

Neuere Forschungen haben ergeben, dass Kredit für zwischenmenschliche Beziehungen der bei weitem wichtigste Faktor ist. Kredit ist nicht nur Vertrauen, sondern zusätzlich die berechtigte Erwartung, dass das Urvertrauen nicht missbraucht wird. Dieser Glaube bewirkt recht eigentlich den Kredit, weswegen ein Kreditgeber auch gemeinhin "Gläubiger" genannt wird. Kredit ist etwas Wunderbares. Gib Deinem besten Freund einen ordentlichen Kredit, und Du wirst sehr lange von ihm nichts mehr hören. Räume Deiner Frau einen Überziehungskredit ein, und Dein Bankkonto wird sich ihrer konzentrierten Aufmerksamkeit gewiss sein. Beantrage bei Deiner Bank einen Millionenkredit - weniger wäre beleidigend - und Du bist von Stund an einer Vorzugsbehandlung sicher. Die Bank wird sich sogar dreimal teilnehmend nach Deiner werten Gesundheit erkundigen, solltest Du Dir auch nur einen Schnupfen holen. Erst mit einem Kredit wirst Du ein vollwertiger Mitbürger. Fast alle VIP's haben Kredit, und todsicher alle Betrüger. Was wären Heiratsschwindler und Aufsichtsräte ohne Kredit? Sie wären nackt und bloß den Unbilden des Lebens preisgegeben. Selbst Hebammen und Priester haben Kredit, Ärzte und Schwestern, und auch die Frau Nachbarin. Ex-Bundeskanzler Kohl hat noch Kredit und Flick hat ihn wieder. Unser Wirtschaftswunder will mehr Kredit, im Westen wie im Osten, und auch bei den Chinesen. Eskimos und Bläckföss haben Kredit, selbst Hausfrauen und Soldaten. Nur ich habe keinen – dafür aber einen Strick.

Brot und Spiele

Neuere Forschungen haben ergeben, dass diese klassische Forderung derzeit ungemein mehrheitsfähig ist. Dies erstaunt umso mehr, als wir Zeitgenossen uns in einem Zeitalter der Aufklärung wähnen. Kein Aberglaube ungeprüft, kaum ein Mythos, wenige Legenden, dafür die harten Tatsachen, die real existierenden. Brot und Spiele hatten im alten Rom die Funktion, die Massen bei Laune zu halten. Die hat bei uns Hartz IV. Brot und Spiele statt Mitbestimmung und Demokratie. Mit den Spielen klappte es immer, mit dem Brot haperte es zumeist. Daran hat sich bis in die jüngste Zeit nichts geändert. Brot ist nach wie vor knapp, und Spiele liefert überreichlich das Heilige Fernsehen, in dessen Götzendienst jedermann täglich gern seine Zeit opfert. Von den Entwicklungsländern in diesem Zusammenhang kein Wort, weder gibt es dort Brot, noch bedeutende Spiele, allenfalls solche vom Typ Krieg oder Aufstand oder weit primitiver, was die Menschenwürde angeht. Spiele der Armen sind Kriegsspiele. Wenn es längst des Brotes ermangelt, werden diese Spiele noch umso wütender fortgesetzt. Selbst in Europa sind solche Spiele immer noch möglich. Am liebsten spielen wir Serben gegen Kroaten, auch Muslime gegen Christen ist sehr beliebt. Dabei kann normalerweise keine Seite gewinnen, aber alle können alles verlieren. Spielen wir einfach weiter, das Fernsehen überträgt so anrührend grausame Bilder von Spielern in Bewegung, blutenden und toten Spielern, und ihrem Spielzeug in Großaufnahme. Spiele gegen Brot.

Blaumeisen und Liebe

Neuere Forschungen haben ergeben, dass Blaumeisen, obzwar sie in Einehe leben, durchaus zum Seitensprung neigen. Verblüffend dabei ist, dass in der Regel die Weibchen ihre moralischen Bedenken hintansetzen und die Sache in die Kralle nehmen. Dazu erwählen Sie ein in ihrer Umgebung lebendes Blaumeisen-Männchen, das ihnen stärker und prächtiger erscheint als der eigene Blaumeiserich, und verleiten es zu einem Schäferstündchen. Inwieweit der Blaumeiserich unterdessen der Brutpflege obliegt oder Kontakte zu anderen Blaumeisen sucht, ist noch wenig erforscht. Gesicherte Erkenntnis ist hingegen, dass die solcher Art streunenden Blaumeisen nicht aus Übermut oder Pflichtvergessenheit fremdgehen, sondern aus Prinzip. Biologen bezeichnen ihr Verhalten als "Sexuelle Selektion". Damit scheint eindeutig geklärt, dass Blaumeisen in der Regel verantwortungsbewußt handeln. Gesichert ist ferner, dass Blaumeisen-Männchen während der Balz wenig wählerisch sind und vielfach die erstbeste Blaumeise begatten, die ihnen vor den Schnabel kommt. Auf einen echten Notstand deutet hin, dass den ausgebrüteten Blaumeisen-Eiern anteilig mehr Weibchen entschlüpfen, deren Lebenserwartung überdies mehr als dreimal so hoch ist wie die der Männchen. Inwieweit Verhaltensmuster der Blaumeise auch für den menschlichen Umgang mit der Einehe beispielhaft sein können, ist derzeit noch ungeklärt. Mit Recht verweisen die Wissenschaftler darauf, dass eine Stellungnahme des Blaumeisen-Papstes immer noch aussteht.

Fegefeuer und Randgruppen

Neuere Forschungen haben ergeben, dass das Fegefeuer nur halb so heiß ist wie angenommen. Erfahrene Jesuiten-Padres kommen zu dem Schluss, dass das Fegefeuer ein kaltes Feuer ist, also kein Feuer im eigentlichen Sinne in der Vorhölle brennt. Glühende Eisenstangen kommen nicht vor, ebenso wenig nackte Teufel mit langen Schwänzen. Es handelt sich mehr um Seelenqualen, die das Fegefeuer ausmachen. Nur wenige Menschen müssen nicht durchs Fegefeuer, so z. B. kleine Kinder und Sozialhilfe-Empfänger, Nichtsesshafte und chronisch Kranke, egal, wie viel und wie oft sie auf Erden gesündigt haben. Die meisten Ehefrauen auch nicht, zumal wenn sie geschlagen wurden, und auch nicht Grüne Witwen. Hier gilt als eiserne Regel, dass denen, die schon im Diesseits über die Maßen gelitten haben, das Fegefeuer erspart bleibt. Randgruppen können ins Fegefeuer kommen, müssen aber nicht. Dazu zählen Seeleute und Müllwerker, Zivildienstleistende und Seelsorger, Lehrer und Polizisten, Strichjungen und Politiker, sowie barmherzige Schwestern, katholische bevorzugt. Auf Wunsch ins Fegefeuer, dann aber nur kurz, kommen Ärzte und Schornsteinfeger, Lotsen und Regierungsräte, Teppichhändler und Buchmacher, Rentner aller Art und Schwiegermütter, ohne Ansehen der Person oder Religion, denn vor Gott sind alle gleich, ausgenommen Steuereintreiber und Flugkapitäne, Winzer und Leichenbestatter. Woher die Jesuiten das wissen? Sehr einfach: Alle Jesuiten müssen durchs Fegefeuer und werden geläutert.

Erektion und Triebabfuhr

Neuere Forschungen haben ergeben, dass eine winzige Menge Stickstoffoxid die Erektion des männlichen Gliedes auslöst. Damit ist das Bindeglied zwischen Sinneseindrücken, etwa dem Anblick eines prallen weiblichen Hinterns oder halbentblößter voller Brüste (Reiz) und dem unaufhaltsamen Anschwellen des bis dato schlaffen Gliedes (Reaktion) gefunden. Die Stickstoff-Moleküle werden von jenen Nerven ausgeschüttet, die auch die Signale für den sexuellen Reiz empfangen. Die Ausschüttung selbst ist kurz, der damit bewirkte Effekt üblicherweise von einiger Dauer. Dies erklärt auch, warum Erektionen noch anhalten, obwohl der auslösende Reiz längst abgeklungen ist. So ergaben Umfragen bei Silber-Paaren in Barmen, dass ältere Barmer Männer allmorgendlich Erektionen haben können, ohne dass die Ehepartner sie noch reizen. Offensichtlich ist der menschliche Organismus imstande, gezielt winzige Stickstoffmengen auszustoßen, sobald er Lust verspürt. Häufig ausgestoßene, wenn auch kleinste Mengen an Stickstoff, führen zu unterbrochenen Erektionen, einem Schluckauf vergleichbar. Soweit die betroffenen Männer privat versichert sind, werden die Kosten für die Heilfürsorge - Handauflegen hilft, in schwereren Fällen auch Thai-Massage - umgehend erstattet. Kassenpatienten haben keinen Anspruch auf Triebabfuhr durch Fachkräfte. Ihre Impotenz kann durch Training des Beckenbodens geheilt werden, vorzüglich durch Masturbation. Alle Kassenpatienten sind daher gehalten, selbst Hand anzulegen.

Kaiser und Kleider

Neuere Forschungen haben ergeben, dass des Kaisers neue Kleider, wie sie auch im Märchen von Hans Christian Andersen beschrieben sind, tatsächlich aus materialfreiem Stoff bestanden haben. Das zeigte sich in der Simulation mithilfe der Nanotechnologie. Damit ähnelten sie in ihrer Struktur modernen Elementarteilchen, den Neutrinos. Allerdings bewegten sich des Kaisers neue Kleider keineswegs mit Lichtgeschwindigkeit, sondern bestenfalls im Zeitmaß einer würdevollen Prozession. Das Märchen endet bekanntlich damit, dass ein Mädchen, also eine unbefangene Beobachterin, urteilt, der Kaiser habe letztendlich "nichts" an. Das Mädchen sieht den Kaiser nackt, ohne jede real existierende Bekleidung. Und das, obwohl zuvor die Betrüger, ihres Zeichens Weber, Schneider oder Tuchhändler, dem Kaiser, seinen Hofschranzen und allen braven Bürgersleuten erfolgreich vorgegaukelt hatten, sein Anzug sei aus edelstem Tuch, so vortrefflich fein gesponnen, dass dumme Augen nicht imstande seien, irgendetwas zu sehen. Interessegeleitet wagten diese bedeutenden Männer des Reiches keinen vernünftigen Einwand. Frauen wurden anscheinend nicht befragt. Niemand wollte schließlich für dumm gehalten werden - lieber für dumm verkauft. Alle bewunderten ausgiebig das Werk der Betrüger. So verheerend wirkt sich mangelndes Selbstbewusstsein aus, mit der Unfähigkeit, selbständig zu denken, und eine abgrundtiefe Furcht, die über alles geliebten Pfründe zu verlieren. Der Kaiser war nackt, von Anbeginn an.

Geschlechtsakt und Übung

Neuere Forschungen haben ergeben, dass der Geschlechtsakt keineswegs eine der leichteren Übungen ist. Wie berichtet, verkrampfen sich immer mehr Männer in dem Bemühen, ihn locker anzugehen. Es herrscht die nackte Not in den häuslichen Betten. Dabei gibt es kaum Heimtrainer, wie sie zum Beispiel für das Rudern weit verbreitet sind. Auch Psychiater versagen häufig schon bei der Analyse, während die Jugendlichen abseits der Discotheken wenigstens körperlich noch in der Lage sind, in der Art von Breakdance-Bewegungen Lockerungsübungen vor dem Akt anzudeuten. Erfahrene Ehepaare greifen in solchen Situationen gern zur Computersimulation. Auch das ist nicht frei von praktischen Schwierigkeiten, gibt es doch ständig Kompatibilitätsprobleme. In dieser Situation versteifen sich Männer immer häufiger auf den Ruf nach der Kirche. Dies ist schon deshalb verständlich, weil der Weihwasserwedel im Prinzip dem männlichen Glied nachempfunden ist - unbeschadet der etwas anderen Konsistenz und der üppigen Fransen. Priester allerdings raten von zusätzlichen Wedeln ab, sie sind durch den Zölibat längst auf stillere Formen der Zuwendung festgelegt. Schweigend sind sie dennoch allzeit bereit, den Segen zu spenden. Sollten dann schwache Männer immer noch Schwellenangst haben, sollte trotz moralischer Aufrüstung keinerlei Aufschwung sich abzeichnen, sollten weder Pillen, noch Beschwörungen, noch Zorn nachhaltig wirken, verabreichen tapfere Priester mit Vergnügen die "Letzte Ölung".

Auto und Über-Ich

Neuere Forschungen haben ergeben, dass ein Auto durchaus Teil der menschlichen Persönlichkeit werden kann. Mein Auto ist die Verlängerung meines Ichs mit anderen Mitteln. Bildlich gesprochen hat das Auto im Gegensatz zum Menschen in der Regel keinerlei Überbau - Wohnmobile und Fernlaster ausgenommen. Dennoch gibt es Effekte, die uns vermuten lassen, dass auch Automobile eine Seele haben. Dies gilt zumindest für den Porsche 911 und verwandte Typen. Ein röhrender Auspuff ist nicht alles, wer aber verzichtet darauf freudigen Herzens? Gleiches gilt für die Elektronik. Je grauer die Mattscheibe, desto trüber die Aussichten. Das Gaspedal ist ein Verstärker schlechthin. Selbst miese Charaktere können ohne Gaspedal weder Auto fahren noch beschleunigen bis sie auf Hundertachtzig sind. Die Automatik versetzt auch lahme Typen in die Lage, rasant zu überholen und lange Strecken mit hoher Geschwindigkeit zu überstehen. Die Bremse schließlich ist der automobile Überbau an sich. Welche Wonne, voll auf das Pedal zu treten, oder, wie der Volksmund sagt, "in die Eisen zu steigen" bis zum Gehtnichtmehr. Unsere Politiker haben das in vorbildlicher Weise verinnerlicht. So wird der Fortschritt zur Schnecke, politisch und sexuell. Und der Blinker, links oder rechts, wird nicht mehr betätigt, dafür Nebellicht und Rückfahrscheinwerfer, Zweit-Halogenscheinwerfer und die Bass-Boxen. Leider müssen wir alle von Zeit zu Zeit an die Tankstelle. Volltanken, bitte. Mach selber, Alter. Schwerhörig?

Prostitution und Berufung

Neuere Forschungen haben ergeben, dass die Prostitution in unserer Gesellschaft eher für ein Dienstleistungsgewerbe denn für eine im moralischen Sinne anrüchige Beschäftigung gehalten wird. Angebot und Nachfrage bestimmen den Preis. Marktwirtschaftlich gesehen ist also die Sache im Lot. Sauberkeit geht den Deutschen über alles. Wie Umfragen ergeben haben, wird viel mehr Seife verbraucht als Kamillentee getrunken. Kaugummi fließt nicht in die Untersuchung ein, weil es sich um ein zutiefst ausländisches Produkt handelt, das durch wiederholtes Wiederkäuen nicht gerade deutscher wird. Für Gummi gilt ähnliches. Immer schon war es deutsch und aufrecht, die ungeschützte Brust den Speeren des Feindes darzubieten. Gestorben wird mit dem letzten Atemzug. Wenn der ansteht, sollte in der Tat die Brust frei sein. Gleiches gilt sinngemäß für die Prostitution. Zumindest sollte eine jede Brust frei sein, gleichviel, ob deutsch oder importiert. Prostitution ist eine gesellschaftliche Erscheinung und leitet sich von dem Wort "Prosit" ab, zu deutsch, es möge nützen. Wem letzten Endes die Prostitution nützt, ist sonnenklar: Es sind die Zuhälter. Prostituierte gibt es wie Sand am Meer. Sie unterscheiden sich weniger als Sandkörner. Sie sind willig, nur in der Regel unwillig. Sie werden gut bezahlt, führen Steuern ab, finden in ihrem Beruf jedoch kaum Erfüllung. Aus diesem Grunde hat die Handelskammer davon abgeraten, die Prostitution zu einem Ausbildungsberuf zu erklären.

Informelle und Mitarbeiter

Neuere Forschungen haben ergeben, dass die sogenannten "Informellen Mitarbeiter" weder Mitarbeiter noch informell waren. Als freischaffende Künstler hatten sie selten einen Betriebsrat und fühlten sich der Mitbestimmung kaum verpflichtet. Wohl waren sie Angestellte der Stasi, doch ohne festen Vertrag, sozusagen auf ABM-Basis, aber andererseits doch unkündbar. Das bürgerliche Recht begreift sie schlicht als Spitzel. Allerdings sind nicht wenige von ihnen stets zum Wohle der Mitmenschen tätig gewesen. Zumindest haben sie das hinterher behauptet. Keiner hat je das Bundesverdienstkreuz erhalten oder ist dafür vorgeschlagen worden. Für ihre Beiträge gibt es keine Literaturpreise, andererseits hat man ihre mündlich oder schriftlich übermittelten Berichte in der Regel großzügig honoriert. Literarisch gesehen handelt es sich in der überwiegenden Mehrheit um ungereimtes Zeug, das aber durch die Präzision des Inhalts besticht, wenngleich formal bei Sprachführung und Ausdruckskraft wenig an Weltniveau durchscheint. Dafür sind die "Informellen Mitarbeiter" Meister der kleinen Form. Wo Chansons als "Nichts, aber in Seidenpapier" gelten, lassen sich die Werke der IM's durchweg als "Etwas, aber in Toilettenpapier" bezeichnen. In vielen Berichten der IM's fällt eine aggressive Direktheit auf, während sie inhaltlich kaum Weltbewegendes zu Papier gebracht haben. Das hat die Besten unter ihnen nicht daran gehindert, später als Märchenerzähler eine steile Karriere zu machen.

Weihnacht und Nächstenliebe

Neuere Forschungen haben ergeben, dass Weihnachten, das Hohe Fest der christlichen Nächstenliebe, eine Struktur aufweist, die spiegelsymmetrisch zum islamischen Ramadan ist. Beiden Veranstaltungen geht es in erster Linie mehr ums Fressen, nicht um die Moral. Während die Muslime zu einer anderen Jahreszeit fasten auf "Scheijtan-komm-raus", schlemmen und prassen die Christen gegen Ende eines kirchlichen Kalenderjahres, was das Zeug hält, und zwar unter den Bedingungen einer Überflussgesellschaft. In beiden Fällen gelten strenge Regeln. Kein Rechtgläubiger unterläuft ungestraft die Gebote des Ramadan, kein rechtschaffener Christ entkommt ungeschmäht den Traditionen der christlichen Nächstenliebe. Fasten die einen von Sonnenaufgang bis Sonnenuntergang, so saufen und fressen die anderen rund um die Uhr, sozusagen im Dreischichtenbetrieb des ungehemmten Konsums, der erst zu Sylvester mit einem Feuerwerk um Mitternacht lärmend unterbrochen wird, als gelte es, sämtliche Spendenaufkommen aller christlichen Hilfsorganisationen der Welt auf einen Schlag gen Himmel zu senden. Von wegen, Brot für die Welt. Dabei saufen die Leute unentwegt, jedoch nur vom Feinsten, bevorzugt Champagner von den Nachfahren der Witwe Clicquot aus Reims und ihrer Komplizen. Korken knallen, Sekt schäumt, das Volk taumelt. Überall im Lande läuten die Glocken. Wer noch eine Geliebte hat, nimmt sie sich jetzt vor, denn das hat der Islam den Christen voraus: Ohne ein bis vier Frauen kein Ramadan.

Päpste und Spermien

Neuere Forschungen haben ergeben, dass Spermien im eigentlichen Sinne befruchtend sind. Ohne Spermien keine Zeugung - und ohne Zeugung nur nutzlose Spermien. Spermien werden zunächst millionenfach erzeugt, im Akt vergeudet, fast alle bleiben auf der Strecke. Nur das Sieger-Spermium erreicht das Innere der Eizelle und entfaltet dort seine segensreiche Wirkung. Selbst der Papst könnte auf diese Weise kreativ werden, so er dürfte. Da aber nicht sein kann, was nicht sein darf, pflanzen sich die Päpste auch nicht durch Spermien fort, nicht einmal durch Jungfernzeugung, sondern sie werden kanonisch gewählt, und zwar so lange, bis weißer Rauch aufsteigt. Damit schließt sich der Kreis. Päpste zeugen von Spermien, doch sie selbst werden nicht durch Spermien gezeugt. Die Jungfrau Maria kann es bezeugen: Päpste sind reichsunmittelbar und unvernünftig, und es gibt kein wirksames Verhütungsmittel dagegen, bis heute, Gottes Donner, leider nicht. Haben Päpste, als Vertreter Gottes auf Erden Spermien? Auch für Spermien der Päpste gelten die Darwinschen Annahmen zur natürlichen Auslese. Der Stärkere vererbt seine Gene, während der Schwächere ohne jedwedes Vermögen nur seine schlechten Charaktereigenschaften der Nachwelt überliefert. Wer ausstirbt, hat das Rennen verloren. Nur das ausdauerndste Spermium geht ein in das Himmelreich, also in die weibliche Eizelle. Daher ist die Fortpflanzung das Wichtigste im Leben, jedenfalls, wenn man ausschließlich Männer oder Päpste befragt.

Hosen und Röcke

Neuere Forschungen haben ergeben, dass der einst von den Damen bevorzugte Hosenrock aus der Mode gekommen ist. Heute gibt es die Weiterentwicklung Hosenanzug. Damit verliert der herkömmliche Hosenrock an Bedeutung. Einerseits handelte es sich dabei um einen Rock und andererseits um eine Hose, wenn auch um eine kurze und weite. Vorteilhaft und ausschlaggebend für die Beschaffung schien zu sein, dass es sich nicht um ein verhüllendes Beinkleid handelte, sondern um ein eher enthüllendes. Zugleich musste auch der schärfste Kritiker bedenkenlos einräumen, dass hier Frau die Hosen anhatte. Der Ruf, die Hosen herunterzulassen, wie er gegen Ende von Tarifverhandlungen häufig zu vernehmen war, erging angesichts eines Rockes kaum: Schutzfunktion. Damen in Hosenröcken konnten locker die Beine übereinander legen oder auch spreizen. Kein Mann war imstande, dann ohne Aufwand zum Kern des Problems vorzudringen. Dagegen waren die Röcke, natürlich auch die Hosen, und allemal auch die Hosenröcke, so kurz, dass es sogar den Heiligen Franz von Assisi unter seiner Kutte berührte. Womit wir bei der Weite von Kutten und Röcken und Hosen sind. Eine Kutte ist praktisch ein weiter Rock mit Oberteil, während ein Hosenrock ohne Oberweite eher einer schlichten Hose ähnelt. Kein Kartoffelsack ist in der Lage, einer Hose, einem Rock oder dem Hosenrock jemals das Wasser zu reichen. Insofern ist der Hosenanzug androgyn: Wer hat die Hosen an? Andererseits: Hosenröcke und das Leben sind immer zu kurz.

Tentakel und Tinte

Neuere Forschungen haben ergeben, dass der Tintenfisch ein Lebewesen ist wie Du und ich, zwar von anderer Gestalt, doch mit einer lebendigen Seele. Und angefüllt mit Tinte, wie wir mit Fäkalien. Der Tintenfisch hat im allgemeinen acht Fangarme, auch Tentakel genannt. Tentakel sind keine Beine, auch wenn sie so aussehen, denn Damen würden sich dagegen verwahren, Strumpfhosen über ihre Tentakel, zumal acht, zu ziehen. Sie bevorzugen nackte Beine und nackte Arme. Der Tintenfisch stirbt an zuviel Tinte auf dem Füller oder an zu wenig, oder, wenn er von griechischen Fischern gefangen wird, daran, dass sie ihn an einem Stein oder einer Betonwand so stark ausklopfen, wie nordische Menschen nicht einmal ihren Teppich. Pater Leppich ist denn auch der Schutzpatron aller Tintenfische. Nach dem Ausklopfen wird der Tintenfisch getrocknet, gesotten oder gebraten, hernach in Scheiben geschnitten, bis er gelb vor Neid wird, und anschließend mit Pommes frites serviert. Aus dem ehemaligen Tintenfisch sind durch die Art der Zubereitung längst gummiähnliche Scheiben geworden, von einem Gartenschlauch abgeschnitten, vor deren Verzehr gewarnt werden muss. Da aber die gesamte Menschheit eine unendliche Sehnsucht befallen hat, sich die "Letzte Ölung" immer wieder zu verabreichen, werden auch die quer geschnittenen Tentakeln von Tintenfischen in Öl gesotten, bis sie den Abschnitten von Schläuchen ähneln und auch so schmecken. Heiliger Tintenfisch, bewahre deine nimmermüde Tinten-Patrone.

Raumfahrt und Fortpflanzung

Neuere Forschungen haben ergeben, dass die Raumfahrt eine virtuelle Reflexion der Wirklichkeit ist - man weiß nur noch nicht, wie. Der liebe Gott wird der Raumfahrt nicht tatenlos zusehen, zumal der Erste Astronaut, der Russe Gagarin, mit seinem Bordhund, der Stasi-Schnüffelnase Sputnik, keinen geeigneten Gottvater im Weltraum ausmachen konnte. Seitdem ist die Menschheit Gott los, also im Wortsinne gottlos. Die Raumfahrt aber tut not, gilt es doch, zu Lichtjahre entfernten Sternen aufzubrechen, wenn sich schon auf Erden nichts Höheres verwirklichen lässt. Gottähnlich sind die Raumfahrer. Schwerelos schweben sie auf Kosten der Steuerzahler umher, in ihrer glänzenden Fähre, keinerlei irdische Sorgen plagen sie. Schwebend widmen sie sich ihren Experimenten, mit Kaulquappen, Laserstrahlen und anderen Versuchsanordnungen. Männliche Astronauten sind im allgemeinen handzahm, weibliche, im All gegen den Strich gebürstet, eher aufsässig. Vermehren sich Astronauten im All ungehemmt, so steigt auf Erden die Anzahl der Eingeborenen und das Bruttosozialprodukt. Astronauten sind nicht unnütz. Sie verkörpern das Fernweh. Andererseits verharren sie in der Schwerelosigkeit in einem Schwebezustand, der all ihre Muskeln erschlaffen lässt und sie zur platten Untätigkeit in Sachen Fortpflanzung verdammt. Gäbe es nur eineiige Zwillinge unter den Astronauten, von denen weder Bruder noch Schwester in ihren Raumanzügen zu unterscheiden wären, so handelte es sich um Inzest.

Zeit und Raum

Neuere Forschungen haben ergeben, dass die Raumzeit in vier Dimensionen gekrümmt ist. Geht es auch über unsere Vorstellungskraft, so ist doch auf mathematisch-theoretischer Grundlage gesichert, dass unsere Welt raumzeitlich vierdimensional und endlich ist, auch wenn sich das Weltall ausdehnt. Zwar ist die Zeit so mit dem Raum verknüpft, dass auch der liebe Gott diesen Knoten nicht lösen, geschweige denn durchschlagen kann. Weswegen Gott als Gedankenkonstruktion sehr überflüssig geworden ist, mithin auch der Papst, aber überhaupt nicht die Pille. Vielleicht bleiben für Papst und Gott noch die sogenannten Singularitäten, bei denen das Unendliche durchschimmert und die physikalischen Gesetze nicht gelten. Ohne Singularitäten geht es auch, aber dann stehen wir fassungslos vor einem Universum, das keine Geheimnisse mehr birgt, das wir andererseits nicht beherrschen, weswegen wir letztendlich so klug sind wie zuvor. Wenn schon auf den lieben Gott kein Verlass ist, da die Weltformel ohne ihn auskommt, stellt sich dennoch die Frage, wo wir uns anlehnen können, wenn wir Beistand benötigen. Eine geliebte Schulter ersetzt noch immer die fernen Sterne, und ein warmes Bett ist immer noch der beste Schutz gegen ein leeres und kaltes Universum. Wohin der menschliche Geist nicht reicht, weil es ihn friert, da ist jederzeit Raum für Liebe und Gefühl. Zumal für das Gefühl, dass der Mensch nicht geschaffen ist, allein zu sein, und dass Tanz und Rausch allemal grüner sind als alle Theorie.

Kapital und Vermögen

Neuere Forschungen haben ergeben, dass das Kapital mehr einem reißenden Wolf ähnelt als einem scheuen Reh. Zwar flieht es auch - es flieht die Armen - aber es reißt auch, und zwar reißt es in allen Lebensbereichen die Herrschaft an sich. Ein kapitaler Hirsch lässt sich heutzutage ohne jedes Kapital nicht mehr erlegen. Ein kapitales Vermögen ist jeweils besser als ein kapitales Unvermögen. Andererseits handelt es sich bei der Vermögensbildung in Arbeitnehmerhand um ein kapitales Missverständnis. Sie funktioniert einfach nicht - ausgenommen bei einigen Gewerkschaftsbossen. Kapital kennt keine Grenzen, vor allem nicht solche des Wachstums. Die Theorie der unbegrenzten Akkumulation des Kapitals kann volkstümlich äußerst einfach erklärt werden, Volkes Stimme ist Gottes Stimme - und zum Teufel, wer schlecht darüber denkt: "De Düvel schitt jümmers op den grötsten Hoopen". Übersetzt heißt das etwa, dahin, wo das meiste Geld liegt, placiert der Teufel per Defäkation weitere Devisen, steuerfrei, versteht sich, in der Karibik oder im Kleinwalsertal. Ausgenommen die Kirchen, weil sich merkwürdigerweise im Klingelbeutel immer häufiger Hosenknöpfe finden, im Zeitalter des Reißverschlusses ein nahezu unfassbares Wunder. Marx hat zeitlebens kein Kapital bilden können, weshalb er darüber geschrieben hat. Engels hatte zu Anfang ein Kapital, weswegen er Marx motiviert hat, für Abhilfe zu sorgen. Erst spät im Alter erkannte er diesen kapitalen Fehler - zu spät. Engels starb arm.

Kalb und Gold

Neuere Forschungen haben ergeben, dass das aus der Bibel bekannte Goldene Kalb nicht in der ursprünglich beschriebenen Form existiert haben kann. Technische Gründe sprechen dagegen. Auszuschließen ist auch, dass es sich um eine Kuh, einen Ochsen oder gar Stier gehandelt hat. Ein entsprechend großes Tier aus massivem Gold hätte in keinem der damals bekannten Hochöfen geschmolzen und in keiner Gussform erzeugt werden können, weil die tonnenschwere Last jedes Maß gesprengt hätte. Ein hohles Goldenes Kalb, aus zwei oder mehreren Teilen zusammengefügt und mit Blattgold überzogen, wäre technisch zwar möglich gewesen, doch war Hohlheit in jenen Zeiten aus religiösen Gründen tabuisiert. Demnach ist das Goldene Kalb als immateriell und Symbol anzusehen. Ein Sinnbild für etwas Schweres und Glänzendes, um das zu tanzen sich für jedermann lohnte. Neben der Anrufung der Götter war im Altertum der Fortpflanzungstrieb das bestimmende Element jedes Stammes in der Wüste. Durst und Hunger konnte man von Zeit zu Zeit stillen, allein die Gottesfurcht war allgegenwärtig. Aber wahrhaft übermächtig erschien jener "Tanz um das Goldene Kalb", von dem uns nur Bruchstückhaftes überliefert ist. Im Verfolg seiner vergaßen die Eingeborenen Hunger und Durst, sie vergaßen buchstäblich die Zehn Gebote, und sie tanzten bis zur Erschöpfung um jene Schimäre, "Goldenes Kalb" genannt, die uns Heutigen so archaisch anmutet, die nackte, aufrechte Vision immerwährender Zeugungslust, diesen "Kleinen Finger Gottes".

Masochismus und Durst

Neuere Forschungen haben ergeben, dass Masochismus keine Krankheit im eigentlichen Sinne ist, ausgenommen die sehr schweren Fälle, die durch einen noch unbekannten Virus ausgelöst werden. Masochismus ist vielmehr eine weit verbreitete Geisteshaltung, zuvörderst unserer Politiker, die auch im Volk Anklang gefunden hat. Man geht in sich, quält sich, auch ohne Aussicht auf eine erfolgreiche Therapie, voller Weltschmerz, dem körperlicher Schmerz unweigerlich folgt, greift zu Birkenruten und Lederriemen, und schlägt sich, weniger durchs Leben, als vielmehr auf die empfindliche, sich rötende Haut. Striemen und Narben werden erduldet, wenn nicht eigens angestrebt, doch die Seele leidet, wenn der Körper geschunden wird. Wahrer Masochismus schreckt vor nichts zurück. Diese Form, in der die Selbst-Quälerei als fremdbestimmte Arbeit auftritt, ist derzeit die gefährlichste Seuche, auch "Japanische Krankheit" genannt. Eine andere weit verbreitete Variante des Masochismus ist der Alkoholismus. Unsäglicher Durst geht einher mit unsäglicher Befriedigung dieses Grundbedürfnisses. Zwar säuft jeder Ochse viel zuviel, aber jeder Esel weiß um den Segen der Trockenheit. Alkoholiker leiden darunter, dass nach jedem Glas der Durst, anstatt endgültig gelöscht zu werden, sich schlicht verdoppelt, aber Fremden gegenüber verbergen sie es. Heutzutage säuft jeder Esel, und jeder Ochse säuft noch mehr und raucht dazu. Allein, das Bruttosozialprodukt muss wachsen, koste es, was es wolle.

.

Wikinger und Waffen

Neuere Forschungen haben ergeben, dass die Wikinger Amerika entdeckt haben. Zwar wusste man seit längerem, dass nicht Erik der Rote der erste der Nordmänner war, die den Weg über Grönland an die Gestade Amerikas fanden, aber ganz neu ist die Erkenntnis, dass es Jochen der Hinkende mehr als 300 Jahre vor Erik dem Roten geschafft hatte. Sein Boot war kleiner als das Eriks, mit geringfügig kürzerem Mast. Auch bestand die Besatzung aus nicht mehr als Jochen, seinem Weibe, das den Proviant verwaltete, deren Bruder als Steuermann, sowie weiteren fünf Nordmännern und zwei Nordweibern, deren Herkunft bislang ungeklärt ist. Wir müssen annehmen, dass Jochen der Hinkende und sein Steuermann zwar nicht über einen Kompass verfügten, jedoch der Sternen-Navigation durchaus kundig waren. Unzweifelhaft handelte es sich bei ihrem Boot um ein überaus seetüchtiges Drachenboot, dessen Konstrukteur und die ausführende Werft nicht namentlich überliefert sind. Gesichert ist indessen, dass Boot und Mannschaft mit Schwertern und Lanzen sowie Harpunen aus Seehundsknochen bewaffnet waren. Es gab auch eine Art Maschinenwaffe, die kurze, schwere Pfeile verschoss. Waffentechnisch von besonderem Interesse scheint diese Pfeil-Automatik zu sein, die von einer Bootslafette aus bedient wurde. Sie bestand aus einem Mehrfachbogen mit geflochtenen Sehnen und konnte achtzehn Kurzpfeile auf einmal verschießen und schnell nachgeladen werden. In Wikingerkreisen war sie als "Jochen-Orgel" gefürchtet.

Computer und Intelligenz

Neuere Forschungen haben ergeben, dass Intelligenz nicht einfach zu beschreiben ist. Es gibt einschlägige Tests: Intelligenz ist, was der Test misst. Es gibt keine Intelligenz außerhalb von Tests. Testen Sie selbst: Sind Sie intelligent? Ja, denn Sie haben soeben einen Lese-Intelligenztest bestanden. Nach Punkten und mit Bravour. Ein Computer hätte das auch geschafft. Nehmen wir die Schach-Computer. Schon längst ist kein Mensch mehr in der Lage, diese lernenden Maschinen zu besiegen, auch Schachweltmeister nicht. Jedenfalls nicht mehrfach hintereinander. Damit sind wir beim Thema "Künstliche Intelligenz". Schon Alan Turing hat sich mit dem Problem beschäftigt, ob man sich bei einem Frage- und Antwortspiel mit einem Menschen unterhält oder mit einer Maschine. Ein Mensch sitzt vor einem Computer und ist über Tastatur und Maus mit einem anderen Menschen und einem Computer verbunden. Kein Sichtkontakt. Fragen und Antworten werden über die Tastatur eingegeben und auf dem Bildschirm angezeigt. Mensch und Computer versuchen nun, den beurteilenden Menschen im Verlauf der Unterhaltung davon zu überzeugen, dass sie beide Menschen sind. Wenn dieser nicht zu entscheiden vermag, ob er einen Menschen oder einen Computer vor sich hat, hat der Computer den "Turing-Test" bestanden. Die Maschine denkt wie ein Mensch. Wie oft reden wir im täglichen Leben aneinander vorbei, auch mit dem geliebten Menschen im Bett. Das ist dann keine "künstliche", sondern mangelnde Intelligenz.

Mensch und Kuss

Neuere Forschungen haben ergeben, dass ein Kuss tödlich sein kann. Er kann auch Leben retten. Eine gewaltige Bandbreite. Ein leidenschaftlicher Kuss im Verborgenen oder viele heimliche Küsse im Dunkeln schweißen die Menschen enger zusammen als ein oder mehrere harmlose Küsschen in der Öffentlichkeit. Woran liegt das? Es ist die Leidenschaft, die den Unterschied macht. Ein Kuss ohne Zunge ist wie die berühmte Suppe ohne Salz - nur nicht so heiß. Heiße Küsse sind seltener als halbherzige, und diese wiederum nicht so zahlreich wie unverbindliche. Küssen und geküsst zu werden ist das höchste Glück auf Erden. Begrüßungsküsse sind von anderer Qualität, nicht nur in der Politik zwischen Funktionären, sondern auch im allgemeinen Umgang zwischen Männern und Frauen. Neu im Fernsehen sind leidenschaftliche Küsse zwischen Mann und Mann oder Frau und Frau. Da lobe ich mir den heterogenen, bei günstiger Gelegenheit halb geraubten Kuss, mit scheinheiliger Begründung abgegeben und mit verschämtem, heimlichen Genuss empfangen. Äußerlich abgelehnt, aber eigentlich ersehnt, das ist der heimliche Liebeskuss. Kein Dritter sieht oder empfindet, was sich zwischen den Küssenden abspielt. Allerdings, der Ehemann oder die Ehefrau zeigt sich misstrauisch. Es gibt Küsse, die ohne Gegenleistung zu erwarten zelebriert werden, und Küsse, die nach sorgfältiger Vorbereitung präzise im Ziel landen und den Weg bereiten für spätere, tausend weitere Küsse. Letztere sind besonders effektiv, aber selten.

Problem und Generator

Neuere Forschungen haben ergeben, dass der moderne Mensch Maschinen braucht, die das Leben erleichtern. Befreit von körperlicher Arbeit strebt er Höherem zu und versucht, sich auch von geistiger Arbeit zu befreien. Hier erfüllt der Problemgenerator eine wichtige Funktion. Kurz, er ist in jedem Haushalt unentbehrlich. Wer zum Beispiel eine einfache Frage hat - sei es im Beruf oder im trauten Heim - braucht nicht mehr selbst zu überlegen, wie er daraus ein Problem machen kann. Dies besorgt der Problemgenerator. Zunächst wird maschinell eine einfache Frage in eine Grundsatzfrage umgewandelt. Grundsatzfragen aber lassen sich leicht zu echten Problemen ausweiten. Technisch gesehen geht es dann darum, ein echtes Problem soweit zu komplizieren, dass es den kritischen Schwellenwert überschreitet und zu einem unlösbaren Problem wird. Gute Problemgeneratoren erledigen dies innerhalb kürzester Zeit. Ihnen hat die "Stiftung Warentest" das Prädikat "Sehr gut" verliehen. Weniger entwickelte Systeme schaffen es mitunter auch, echte Probleme zu unlösbaren zu machen, doch ist die Fehlermöglichkeit ungleich größer. Diese Maschinen verfügen nicht über eine "Dauertaste", d.h., die Möglichkeit, ein Problem über einen längeren Zeitraum zu erhalten. Dann verschwindet das Problem nach einiger Zeit von selbst, ein Effekt, unter dem speziell unsere Bürokratie zu leiden hat. Der Fachausdruck lautet "durch Liegenlassen erledigt", aber der Vorgang ist unbequem, zeitraubend und schmerzlich.

Plan und Wirtschaft

Neuere Forschungen haben ergeben, dass Planen Voraus-denken heißt. Wer nicht vorausdenkt, ist kurzsichtig. Planen ist Denken in Visionen. Eine Planung ist die Überlegung, wie es künftig zu laufen habe, wenn man so kann wie man will. Planungen sind an sich gut. Jeder von uns plant voraus, jeder von uns hat für sich eine kleine Zukunftsplanung. Der eine plant eine Reise. Reisen, die geplant sind, können nicht gänzlich fehlschlagen - im Gegensatz zu Reisen, die nicht geplant sind. Da kann alles Mögliche passieren. Also, plan-mäßig einigen wir uns hier: Planung an sich ist notwendig, andernfalls regiert das Chaos. Jede Firma plant organisiert. Da gibt es die Marketing-Abteilung, die Arbeitsvorbereitung, die langfristig angelegte Firmenpolitik - und den Chef, der plant, irgendwann mit seiner Sekretärin ins Bett zu steigen, und dann gründlich. Jedes Amt plant, zumindest gibt es vor, eine Planung zu haben. Es hat jedenfalls entsprechende Experten oder Beauftragte oder einfach ein paar tapfere Beamte, die sich zum Planen berufen fühlen. Und so planen sie, ein jeglicher nach seiner Art, dass es eine Art hat. Auch die Wirtschaft plant. Der Aufsichtsrat plant seine Tantiemen und seine Ferien. Der Vorstand plant seine Investitionen, natürlich nicht die der Firma, mitnichten, nur die eigenen, nach dem Berlin-Förderungsgesetz und wegen der Steuer. Wir sind umgeben von Leuten, die planen. Ständig und aus Eigennutz planen. Das ist eine Wirtschaft! Gott behüte - keine Planwirtschaft.

Keim und Zelle

Neuere Forschungen haben ergeben, dass die Familie im Allgemeinen eine schöne Gesellschaft ist. Die Gesellschaft im Besonderen aber ist keine Familie. Vielmehr bestimmt sich das Verhältnis von Familie zu Gesellschaft aus den Verhältnissen. Gesellschaft bedeutet Herrschaft im Großen, Familie im Kleinen. Die Gesellschaft stützt die Familie und umgekehrt. Daher bedeutet Gesellschaft zuweilen auch Ohnmacht im großen wie Familie im kleinen. Ordnung und Unterordnung ergänzen sich und verbinden sich zu Unordnung. Dabei ist die Familie die Keimzelle der Gesellschaft, wenigstens der unseren. Und so benimmt sie sich auch. Sie keimt. Würde sie nicht keimen, erhielte man eine keimfreie Gesellschaft. Keimfreiheit ist aber eine besondere Freiheit und muss daher im Keim erstickt werden. Keimfreiheit verbindet Familie und Gesellschaft. Früher gab es die deutsche Großfamilie, die wir nur noch aus der Literatur kennen. "Urahne, Großmutter, Mutter und Kind in dumpfer Stube beisammen sind...". Das war übersichtlich. Heute regiert das Chaos. Mann und Frau, zwei Männer, zwei Frauen, aber niemals drei oder mehr, können heute eine Familie gründen. Die modernen Großfamilien heißen Clans und haben meistens einen Migrationshintergrund. Auch die Mafia bildet eine Familie. Daher spricht man von Familienbanden. Demzufolge sind Gesellschaft und Familie zwei Seiten ein- und derselben Medaille. Familie und Gesellschaft als solche sind soziodiametrial entgegengesetzt und unerforscht. Und das ist gut so.

Mensch und Politik

Neuere Forschungen haben ergeben, dass der Mensch die Krone der Schöpfung ist und der Politiker der hervorragendste Zacken in dieser Krone. Was braucht es, um Politiker zu werden? Nicht viel. Figur und Erscheinung sollten einerseits von der Norm abweichen, ob aber positiv oder negativ, ist dabei nicht entscheidend. Wichtig sind einprägsame körperliche Merkmale. Länge läuft, besser als Mittelmaß sind große Glieder, eine stattliche Figur, ein offenes Lächeln und ein super Gedächtnis, möglichst ein fotografisches. Andererseits sollte ein Politiker Mittelmaß zeigen, als vertrauensbildende Maßnahme sozusagen. Nur wer Mittelmaß zeigt, gewinnt die Mittelmäßigen. Sehr wichtig ist das Organ des Politikers. Wie der Maurer auf die Kelle, der Schuster auf den Leisten und der Jäger auf die Flinte angewiesen ist, bedarf der Politiker seines Organs. Es ist sein Hand-, nein, sein Mundwerkzeug. Demzufolge verfüge er über eine volltönende, weitreichende Stimme. Bass ist am besten. Schrille Stimmen bringen keine Stimmen. Beim Lügen sollte der Politiker ernst bleiben. Ist dunkel auch der Rede Sinn, so sei sie doch wohlartikuliert. Nur so wird verstanden, wo nichts zu verstehen ist. Zwei Meter und mehr als Körpergröße sind effektiver als dreißig zusätzliche Windungen im Gehirn. Nachdenken stört nur, Taktieren ist gefragt, und das instinktiv. Das Großhirn ist daran unbeteiligt, die Wähler sind es auch. Wäre es anders, wäre es nicht auszuhalten: Dann fielen uns die Zacken aus der Krone.

Hände und Politik

Neuere Forschungen haben ergeben, dass Hände schütteln "in" ist. Da schüttelt's einen. Gehen wir der Ursache auf den Grund. Der Politiker braucht Kontakte. Ab und zu, besonders vor Wahlen, braucht er auch Kontakte zum einfachen Volk. Wem vertrauen Menschen, einfache Menschen wie Du und ich, am ehesten? Leuten, die sie kennen. Woran erkennt man Leute, die uns kennen? Daran, dass sie uns einen guten Tag wünschen und uns dabei in die Augen sehen. Ehrlich. Und wenn wir sie gut kennen, geben wir ihnen die Hand, und sie nehmen die unsere - oder umgekehrt. Reiche einem Politiker den kleinen Finger, und er nimmt die ganze Hand, notfalls bis zur Achsel. Das kennen wir. Kennen wir jemanden besonders gut, eilen wir ihm entgegen, öffnen unsere Arme und unser Herz - keinesfalls jedoch unser Portemonnaie - und küssen ihn oder sie. Das haben Politiker uns voraus: Sie tun es auch ohne Anlass, aber mit Grund und gründlichst. Küssen und Hände schütteln, freundlich bis gewinnend lächeln, ist des Politikers täglich Brot. Nehmen Politiker öfter ein Bad oder duschen sie lieber? Profis nehmen lieber ein Bad, und zwar in der Menge. Von Leibwächtern umgeben und im Alltag isoliert fühlen sie sich dreckig und allein. Daher brauchen sie von Zeit zu Zeit das Bad in der Menge, Tauchgang und Reinigung. Blind und blindlings ergreifen sie Hände, mehr Hände, und schütteln sie. Das vor allem macht die Politik so ergreifend, dass sich immer wieder Hände finden, viele Hände, die sich schütteln lassen.

Fahrrad und Glück

Neuere Forschungen haben ergeben, dass das Fahrrad Ausdruck menschlichen Strebens und irdischen Glücks ist. Im Prinzip kommt es als Einrad, Zweirad oder Dreirad vor. Jede dieser Erscheinungsformen hat eine tiefere Bedeutung. Das Einrad, auch als Hochrad ausgebildet, verkörpert so recht das Schwanken und die geringe Dauerhaftigkeit irdischen Glücks. Nur wenige Könner halten sich länger als zehn Minuten auf dem schwankenden Hochseil der Ekstase. Nur wenigen ist es vergönnt, die zwangsläufigen Abstürze unbeschadet zu überstehen. Hingegen ist das Zweirad viel sicherer, verfügt es doch über eine Stütze in der weiteren Dimension. Allein, im Zustand der Ruhe pflegt ohne Stütze auch das Zweirad umzufallen. Daher ist allen Bicyclisten ausreichende Bewegung anzuempfehlen, um die Kreiselachsen der Räder zu stabilisieren. Nur dann reicht ihr Beharrungsvermögen aus, dauerhafte Bahnen zu ziehen. Dem Dreirad jedoch gebührt die Krone. Je zwei der Räder sind jeweils parallel oder hintereinander angeordnet. Es kommt nicht darauf an, ob zwei der Räder männlich oder weiblich sind; solange das dritte Rad nicht männlichen Geschlechtes ist, ist des Wohlbefindens kein Ende. Es hat schon Einräder und Zweiräder gegeben, deren Benutzer Schwindelanfälle erlitten haben. Jedoch noch nie beobachteten wir diese Effekte bei Dreirädern. Es scheint, als ob mit dem Prinzip des Dreirads das Geheimnis dauerhaften menschlichen Glücks entdeckt worden ist. Jedem sein Dreirad - und uns allen ein Tandem.

Mensch und Einsamkeit

Neuere Forschungen haben ergeben, dass einsame Menschen leiden. Einsamkeit macht krank, und Kranke sind einsam und allein. Ein Teufelskreis. Man kann ihn durchbrechen - per Zeitungsannonce oder durch Partnersuche im Internet: "Einsamer sucht Einsame zum Einsamen", und der Spruch ist nicht von Goethe, weil Johann Wolfgang Einsamkeit nicht kannte. Der Spruch ist ein Erzeugnis moderner Lebenskultur. Autor unbekannt. Schon Papageno bedurfte der Gefährtin, was soll sich da seit dreitausend Jahren geändert haben? Manches klappt besser zu zweit - oder zu dritt - und manches erst beim dritten Mal. Allein sein ist trostlos, Isolationsfolter. Zwar heißt es, am stärksten sei der Mächtige allein, jedoch ist auch ein Leibwächter nicht zu verachten als Gefährte in der Einsamkeit, zumal, wenn es um Selbstmord, Mord oder Totschlag geht. Bei Jugendlichen zählt zu diesen extremen Situationen auch die erste Liebe. Liebe Deinen Nächsten wie Dich selbst, weist uns die Bibel an. Das ist klug, wenn auch technisch nicht immer die erste Wahl, und bei Männern müsste es besser heißen, Deine Nächste. Doch wer ist diese Nächste? Suchen wir im Bekanntenkreis, wird das gefährlicher als wir denken. Suchen wir auf der Straße oder in Gaststätten, kommt die Nächste vorbei und wir merken es nicht – und dann ist die Gunst der Stunde dahin. Verwandte Seele, Kommilitonin, meines heißen Herzens Gefährtin, meine Ergänzung, meine Göttin: Komm und mach' dich verfügbar! Einsamer sucht Einsame zum Einsamen.

Mensch und Licht

Neuere Forschungen haben ergeben, dass der Mensch das Licht nur in Maßen verträgt. Wer auf der Sonnenbank liegt, wird zwar braun, riskiert aber auch Hautkrebs. Wer die Sonnenbank scheut, muss im Winter mit wenig Licht auskommen und wird trübsinnig bis depressiv. Zum Wohlfühlen brauchen wir das Sonnenlicht. Bekömmlich allein ist das Mittelmaß. Weswegen in der Dämmerung erst die Hirsche röhren. "Mehr Licht" - das waren Goethes letzte Worte, er kannte noch nicht die unbarmherzig hellen Halogenleuchten des Fernsehens. Eckermann wäre in ihrer Helligkeit und Hitze geschrumpft wie der sprichwörtliche Schillersche Bratapfel in der Biedermeier-Ofenröhre. Überhaupt, die Röhren: Wer in die Röhre schaut, geht leer aus. Schon Georg Christoph Lichtenberg wusste, dass alles Wichtige im Leben durch Röhren getan wird. Als Beispiel nannte er unter anderem das Schießgewehr. Wenn wir heute "in die Röhre schauen", meinten wir bis vor kurzem die Fernseh-Röhre. Sie ist inzwischen vom Flachbildschirm abgelöst worden, mit Hintergrundlicht. Trotzdem hat das alte Sprichwort seine Bedeutung bewahrt. Auch die herkömmlichen Glühlampen sind neuerdings ein Auslaufmodell. Modern sind die Sparlampen, die LEDs ("Licht Emittierende Diode") und das nicht mehr wegzudenkende "Laser-Licht". Es leistet alles, von Gut bis Böse. Man kann mit dem Laserpointer in Konferenzen beeindrucken oder Piloten blenden. Mit Laser-Kanonen kann man auf Raumschiffe oder auf Spatzen schießen. Der Fortschritt ist unaufhaltsam.

Mensch und Spiegel

Neuere Forschungen haben ergeben, dass der Mensch und sein Spiegelbild sich wie siamesische Zwillinge verhalten. Du siehst Dich an. Links und Rechts sind vertauscht. Ein Grinsen. Einverständnis per Grimasse. Dein Spiegelbild rasiert sich - pardon, parfümiert sich - wenn Du Dich parfümierst oder rasierst. Es zwinkert Dir zu, sobald Du ihm schöne Augen machst. Ego reflexiv und maximal. Beide liebt ihr die nämliche Frau, und beide seid ihr euch zu schade, die Füße abzutreten, wenn ihr in die fremde Wohnung eindringt. Wer zu lange in den Spiegel schaut, wird narzisstisch oder schizophren. Das Gute daran ist, man selbst merkt es nicht. Den anderen fällt es wohl auf, stört sie aber so lange nicht, wie es keine negativen Auswirkungen auf die persönliche Umwelt hat. Einen oder mehrere Spiegel, auch im übertragenen Sinne, braucht jeder Mensch. Durch einen Blick darein kann man sein Verhalten korrigieren und seine Ansprüche anpassen. Schon Hitler übte vor dem Spiegel eine beeindruckende Gebärdensprache. Am nötigsten brauchen Schauspieler eine Reflektionsfläche. Deswegen gibt es in jeder Garderobe raumfüllende Spiegel. Auch beim Friseur sind eine Menge Spiegel im Gebrauch, weil man mindestens zwei davon benötigt, um seinen Hinterkopf und die entstehende Glatze zu besichtigen. Nur ein Spiegel reicht nicht, denn man sieht sich nur von vorn und ohne Mängel. Dies ist die Perspektive: Vorbildlich und spiegelbildlich betroffen von der Symmetrie ist der Mensch, ein Spiegel des Nichts.

Mensch und Ton

Neuere Forschungen haben ergeben, dass das deutsche Wort "Ton" mehrere Bedeutungen haben kann, je nachdem, in welchem Zusammenhang es gebraucht wird. Die Unterschiede werden deutlich, wenn man sagt, der Ton sei formbar, oder der Ton sei schrill, oder "Ton in Ton" sei modern. Im ersten Fall handelt es sich um keineswegs Seltene Erden, im zweiten Fall kann Musik oder Sprechen und noch wesentlich anderes gemeint sein. Bleiben wir beim Farbton. "Ton in Ton" ist eine Frage des Geschmacks, in der Welt der Mode von ungeheurer Wichtigkeit, ansonsten von höchstens individueller Vorliebe. Der knetbare Ton führt uns zu Fragen von höchster philosophischer Bedeutung. Was ist der Mensch - ein Klumpen Ton, dem der göttliche Schöpfer versehentlich ein wenig Odem eingeblasen hat? Zu wenig, um in Ruhe seine Pension zu genießen, aber doch genug, um, eine Kurzstrecke beim Jogging, also rund vierkommafünf Kilometer im Trab, nicht ganz atemlos zu überstehen. Atemtechnisch ist diese Frage leicht zu beantworten: In der Ruhe liegt die Kraft. Wir sollen uns bewegen, aber nicht hetzen, damit wir nicht zu fett werden und atemlos. Einen Klumpen Ton, dem man ein wenig Sauerstoff eingeblasen hat, kann man nicht zum Laufen bringen. Deswegen ist nicht erwiesen, dass der Urahn des Menschen aus knetbarem Ton hervorgegangen ist. Auch ist nicht erwiesen, dass im Paradies bei der Erschaffung von Adam und Eva überhaupt Ton eine Rolle gespielt hat. Ein Paradies ohne Ton kann man sich aber nicht vorstellen.

Mensch und Esel

Neuere Forschungen haben ergeben, dass der Mensch, obwohl er vom Affen abstammt, biologisch dem Esel nahe steht. Wenngleich das Bindeglied zwischen Mensch und Esel - "missing link" - immer noch fehlt, auch neuere Funde in Maghrebinien eingeschlossen, sind die Bezüge doch klar und stark. Der Esel im Menschen schreit laut aber selten. Menscheleien sind rar, Eseleien dagegen häufig. Sinnbildlich lange Ohren machen fünfundsiebzig Prozent der Menschen, darunter auch viele Esel. Eselsohren in Büchern sind sprichwörtlich und unvermeidlich. Die Eselsbrücke ist bei Menschen sehr beliebt und keineswegs eine Brücke, die nur den Eseln vorbehalten ist. Der Eselsrücken aber bezeichnet als Fachwort einen spitzen und etwas geschweiften spätgotischen Bogen. Ein Esel ist auch die Basis der Bremer Stadtmusikanten mit Hund, Katze und Hahn. Esel und Eseleien sind die Basis vieler menschlicher Konflikte. Dabei kann man nicht unterscheiden, ob eine Eselei aus einem Menschen einem Esel macht oder ob es sich um einen Mensch gewordenen Esel handelt. Dies ist auch durch eine DNA-Analyse nicht immer mit Sicherheit festzustellen. Wissenschaftlich gesehen ist das Maultier eine Kreuzung aus Pferd und Esel. Menschliche Maultiere sind temperamentvoll und haben eine Eselsgeduld. Das dicke Fell des Esels ist menschlich und auch die Farbe des Esels ist menschlich, grau sind Mäuse und Männer, zumindest im Büro. Dennoch gibt es Unterschiede: Esel sind intelligente Tiere, aber: Ein Esel kommt selten allein.

Mensch und Ratte

Neuere Forschungen haben ergeben, dass sich Hausmann und Wandersmann entsprechen wie Hausratte und Wanderratte. Natürlich nicht in allen ihren Eigenschaften. So vermehrt sich der Hausmann später gar nicht mehr, während der Wandersmann allezeit an die Fortpflanzung denkt und seine Gene über sein gesamtes Revier zu verbreiten versucht. Der Hausmann bleibt zeitlebens zahm und ungefährlich. Die Hausratte ist in der Regel ortsfest und besitztreu. Sie kämpft nur, wenn sie in die Ecke getrieben wird. Die Wanderratte kämpft, vermehrt sich pausenlos und ist zäh. Ratten sind Ungeheuer. Ungeheuer intelligent. Viele Menschen sind wie Ratten, aber selten intelligent. Ihnen fehlt vielfach der Biss und das Unstete sowie der unbändige Drang nach artgerechter Haltung und Vermehrung. Werden sie in die Enge getrieben, so ergeben sie sich in ihr Schicksal. Wanderratten kämpfen und beißen. In den Kampfpausen vermehren sie sich. Der Wandersmann dagegen schreitet fürbass, vermehrt sich auch, erkennt aber keine Vaterschaft an und kämpft nur, wenn er dazu gezwungen wird. Er kopuliert bei jeder Gelegenheit und hat Freude an der Bewegung. So bleibt er gesund. Der Hausmann sitzt und schwitzt, weil sein Kreislauf schwächelt. Ihm fehlen Motivation und Testosteron. Das ist ungesund. Mensch und Ratte sind artverwandt. Der Rattenfänger von Hameln war eine Wanderratte. Rattengift ist für den Menschen tödlich. Ratten lieben kein Licht, Menschen keine Dunkelheit. Ratten leben intensiver und kürzer.

Fluor und Zahnpasta

Neuere Forschungen haben ergeben, dass fluoridierte Zahnpasta, vom Kindesalter an Karies verhindern kann. Andererseits ist Fluor, in Gestalt von Flußsäure, ein gefährlicher Wirkstoff. Nach ausgiebigem Genuß von Flusssäure fallen beispielsweise Bernhardiner auf der Stelle tot um.
Da hilft auch kein Cognacfäßchen mehr. Während bei Dackeln wegen der krummen Beine eine gewisse Resistenz gegen Fluor nachgewiesen ist, reagieren Mastinos schon auf geringfügige Dosen aggressiv. Beim Menschen unterscheidet man zahnpastabedingte Impotenz scharf von fluorausgelöster Insuffizienz. Was dabei im Suff geschieht, ist bisher nicht wissenschaftlich untersucht worden. Hier gibt es noch ein weites Feld für die Fluoreszenz, d.h. die Lehre von den fluorierenden Kohlenwasserstoffen und dem Ozonloch. Am Anfang war das Wort: Ozonloch. Am Ende war auch das Wort: Klimakatastrophe. Es soll hier nicht behauptet werden, Fluor sei an allem schuld, aber es gibt doch zu denken, dass Fluor in direktem Zusammenhang mit Karies steht und Karies wiederum in direktem Zusammenhang mit des Menschen Zeugungsfähigkeit. Je mehr Karies, desto weniger Menschen und desto weniger CO2. Das CO2 wiederum verpestet die Erdatmosphäre und befördert die Klimakatastrophe. Dadurch wird es wärmer, und Wärme bedeutet Zeugungsfähigkeit, wie alle Männer wissen, die schon im kalten Nordseewasser gebadet haben. Insofern schließt sich der Kreis. Im übrigen floriert unsere Industrie wie noch nie – und fluoridiert das Trinkwasser.

Mensch und Abwasch

Neuere Forschungen haben ergeben, dass Abwaschen eine ungeheure soziokulturelle Bedeutung hatte - vor der Einführung preiswerter Geschirrspülmaschinen. Abwaschen und Abtrocknen sind nicht nur bloße mechanische Verrichtungen, sondern Ersatzhandlungen von hoher symbolischer Bedeutung. Sage mir, was Du vom Teller wäschst, und ich sage Dir, was Du gegessen hast. Desgleichen, was Du getrunken hast. Es sei denn, Du wärest ein Schmutzfink. Dem ist es egal, ob ihm Saft, Bier, Wein oder Sekt in das Trinkglas gelangen. Dass ihm dasselbe Glas auch zum Zähneputzen dient, fällt nicht ins Gewicht, da Schmutzfinken das Zähneputzen zu vermeiden wissen. Der große Physiker und Philosoph Carl Friedrich von Weizsäcker hat sich verwundert darüber gezeigt, dass man durchaus mit schmutzigem Abwaschwasser und nicht ganz sauberen Handtüchern trotzdem saubere Teller produzieren kann. Dies ist ein Phänomen, das an ein Paradoxon grenzt. Wahrscheinlich war Carl Friedrich bei der Entwicklung dieses Gedankens schon ein wenig älter und kurzsichtig. Das wirft das Problem auf, wie man erkennen kann, ob ein Teller sauber ist. Bei einem durchsichtigen Trinkglas ist das Problem leicht zu lösen, man hält es gegen das Licht, und wenn man die Lichtquelle sieht, gilt das Glas als sauber. Abwäscher stehen sozial ganz unten. Abtrockner haben alles in trockenen Tüchern und sind der Mittelstand, und die Abstauber bilden die Königsklasse. Stellen wir das System vom Kopf auf die Füße. Alles in einem Abwasch.

Mensch und Huhn

Neuere Forschungen haben ergeben, dass dem Huhn bei den zwischenmenschlichen Beziehungen eine überragende Rolle zukommt. Wegen der Eier. Das Huhn legt ein Ei. Der Osterhase eignet es sich an, veredelt das Rohprodukt durch Kochen und Bemalen zum Osterei und fördert somit zu Ostern die zwischenmenschlichen Beziehungen. Die einen verstecken die Eier, die andern suchen sie. Fröhliche Ostern! Das Huhn an sich ist weder gut noch böse. Erst in der Beziehung zum Menschen entwickelt sich sein Wert, beispielsweise als Hühnerfrikassee oder Brathuhn. In der DDR zählte Letzteres, bekannt als "Broiler", zu den Lebensmitteln der Weltspitze. Auch nach dem Untergang der DDR hat sich dankenswerterweise der Markenkern erhalten - des "Broilers" - Gott sei Dank, und nicht der DDR. Auch die Eier sind ethnologisch und philosophisch nicht von Pappe. War am Anfang das Chaos, das Ei oder das Huhn? Wissenschaftlich gesehen ist dies die Kernfrage menschlicher Existenz. War am Anfang das Huhn, so gibt es keinen Gott. Denn der hätte während der ersten sieben Tage unzweifelhaft Hähne gemacht, aber nicht über ungelegte Eier gegackert. War am Anfang jedoch das Ei, wäre der liebe Gott arbeitslos geworden. Denn ein solches Ei ist wie das Weltall. Es brütet sich von selber aus. Zum Verständnis können wir die Allgemeine Relativitätstheorie heranziehen. War aber am Anfang das Chaos, dann hat sich seitdem nichts geändert. Gott schütze Huhn und Hahn, das Ei und das Chaos - von Ewigkeit zu Ewigkeit. Amen.

Mensch und Wurm

Neuere Forschungen haben ergeben, dass sich früh krümmt, was ein Würmchen werden will. Ein Wurm kommt selten allein. Das wurmt die Würmer. Im Computer-Zeitalter beschränken sich die Würmer nicht wie Regenwürmer auf die feuchte Erde und auch nicht auf Aas, sie kommen inzwischen in allem vor, was da kreucht und fleucht. Viel gefährlicher sind aber die immateriellen Würmer, die Computer infizieren. Solche virtuellen Würmer geben sich als Spione aus, die es auf die Kreditkartennummer abgesehen haben. Ihre Verbreitung hat mehr mit Jungfernzeugung zu tun als gemeinhin angenommen wird. Sie verbreiten sich ohne Mitwirkung eines anderen Programms automatisch. In der Windows-Welt mit der Endung "exe", oder sogar als doppelt ausführbare Datei mit dem entsprechenden Dateinamen, in der Mac-Welt weniger häufig. Der ahnungslose Nutzer denkt sich nichts dabei, öffnet die ihm zugesandte E-Mail und hat sich schon, mehr oder weniger automatisch, einen virtuellen Wurm eingefangen. Was dem Menschen seine Wurmkur, und auch dem Hund, ist dem Computer seine Antiviren-Software. Ehe alle diesbezüglichen Dateien verdorben sind, sollte man die Antiviren-Software über den Computer laufen lassen. Daran verdienen in der Hauptsache die Hersteller. Ob das hilft, ist eine zweite Frage. Zurück zur Natur, bisweilen hat ein Mensch Würmer ohne Ende oder ohne "exe"-Ende, und das spricht Bände, sogar Bandwürmer. Hat man aber je gehört, dass ein Wurm Menschen habe? Mitnichten. Aber das wurmt keinen Menschen.

Mensch und Schule

Neuere Forschungen haben ergeben, dass in der guten alten Zeit die Klassenfrequenzen deutlich höher waren als jetzt. Zugleich wurde beobachtet, dass seinerzeit die Kriminalitätsrate bei männlichen Jugendlichen deutlich niedriger lag als heute. Hingegen war über die weibliche Kriminalitätsrate so gut wie nichts bekannt. Über diesen geschlechtsspezifischen Unterschied können wir derzeit nur spekulieren. Tatsache ist: Damals gab es noch kein Fernsehen. Pädagogisch gesehen besteht ein enger Zusammenhang. Seien z.B. etwa zwölf Schüler in einer Klasse, die von einem Lehrer und einem Sozialarbeiter betreut wird. Dann ist der Interaktionskoeffizient, also das Verhältnis von Auftauchen zu Wegtauchen, im Mittel eins zu sechs. Sind beide Betreuer weiblich, erhöht sich das Verhältnis um den Faktor 1,5. Dies bedeutet eine starke Interaktions-Interferenz, d.h., dass sich ein Schüler einem starken pädagogischen Druck ausgesetzt sieht, dem nicht einmal Ochsen sich entziehen könnten. Psychologisch interessant sind die Reaktionen. Ein Schüler, der mehrfach pädagogischen Bemühungen ausgesetzt wird, neigt im statistischen Mittel zu eher unangepasstem Verhalten. Er wehrt sich gegen Frust und Stress und zündet in der Freizeit Autos an. Ersatzweise marschiert er zu den Klängen der Internationale im Kreis um seine Schule herum. Das ist eine Revolution. Wir brauchen pro Klasse sechzig Schüler, dann kann sich jeder verstecken. Ergebnis: Keine Interaktion, die Revolution findet nicht statt.

Mensch und Hund

Neuere Forschungen haben ergeben, dass Schlüsselreize im Leben eine herausragende Rolle spielen. Erwählt der Mann ein Weib oder eine Frau den Herrn, so haben vor allem eigene Schlüssel ihre Reize, aber fremde nicht minder. In welches Schloss passt mein Schlüssel? Das ist das Problem. Andererseits, wie kommen Mann oder Frau von der Partnersuche auf den Hund? Ein treuer Hund widerspricht nie. Stets wedelt er hingebungsvoll mit dem Schwanz. So bleibt die Zwiesprache zwischen Mensch und Hund äußerst einseitig, was das gesprochene Wort betrifft, aber vielfältig durch die Körpersprache. Hunde können hervorragend zuhören. Auch können sie nicht richtig streiten. Zwar bellt der Hund, und die läufige Hündin läuft von Hund zu Hund, Urtyp des Fliegenden Höllenhundes. Mit den Jahren nimmt aber die Läufigkeit stark ab. Hunde brauchen keine Rollatoren. Empirisch erwiesen ist, dass Hunde mit den Jahren ihrem Herrchen oder Frauchen immer ähnlicher werden, in puncto Dackelmiene, hündischer Ergebenheit im Schwanzwedeln sowie Lärm und Geräusch. Eine Redensart besagt, viele Hunde seien des Hasen Tod. Das gilt auch im übertragenen Sinne, genau wie auch der Spruch, nachdem Hunde, die bellen, nicht beißen. Dem ist aber nicht gänzlich zu trauen, denn bellende Hunde können nicht wissen, dass sie nicht beißen, also Vorsicht. Hunde sind an der Leine zu führen. Meistens führen aber Hunde den Menschen an dieser Leine. Der Mensch denkt, aber der Hund bellt und lenkt. Zuweilen hündisch und höhnisch.

Mensch und Katze

Neuere Forschungen haben ergeben, dass die Katze ein zahmes Haustier ist, das sich vorwiegend mit Garnknäueln beschäftigt, die hinterher abgeschrieben werden müssen, weil sie nicht mehr zu entwirren sind. Insofern ist die Katze ein Produktionsfaktor. Dies trifft in Grenzen auch für Gardinen und Teppichböden zu. Katzen sind sehr eigenwillig. Im Gegensatz zu Hunden hören sie nicht auf Kommandos. Im Prinzip tun sie, was sie wollen, halten sich an keine Regeln, kommen und gehen wie es ihnen beliebt, kurz, Katzen sind vollendete Anarchos. Streunende Katzen haben viele Singvögel auf dem Gewissen. Früher jagten sie Mäuse und Ratten. Seitdem es "Whiskas" gibt, jagen sie nicht mehr, sondern legen sich auf die faule Haut. Katzen schmeicheln, Katzen schnurren. Sie wohlbefinden sich. Streichle eine Katze, und sie schnurrt - bis in die Schwanzspitze. Geschmeidig weich auf samtenen Pfoten. Dabei hält sie die scharfen Krallen versteckt. Aber wehe, sie fährt sie aus und schlägt zu, dann tut das auch dem Menschen weh und treibt ihm die Tränen in die Augen, ganz abgesehen von der dann fälligen Tetanus-Spritze. Fängt wider Erwarten eine Katze einmal eine Maus, dann ist für die Maus das Ende nahe. Aber bis dahin foltert die nette Katze die arme Maus bis zur Bewusstlosigkeit. Kraule Katzen zwischen den Ohren und streichle ihren Rücken. Behaglichkeit und Katzenfell. Wärme und Nähe. Wäre ich eine Katze, bräuchte ich einen Kater zum Kraulen. Stundenlang. Aber niemals einen kastrierten Kater.

Mensch und Zwischenglied

Neuere Forschungen haben ergeben, dass der Mensch nicht unmittelbar vom Affen abstammt. Es hat da ein Zwischenglied gegeben, den "homo mediocriter erectus". Jener verfügte zwar noch nicht über den aufrechten Gang, jedoch schon über den übermäßig erhobenen Schwanz. Tierisch muten uns Heutige seine Urschreie an, sobald sein Schwanz eingeklemmt war, aus welcher Ursache auch immer. Lange vor Descartes entsprach er der sprichwörtlichen Redewendung: "Coito, ergo sum". Geschichtsforscher führen die lawinenartige Vermehrung dieses Zwischengliedes zwischen Mensch und Affe einerseits auf seine Kopulationsneigung und eindeutig nachgewiesene Abnormitäten im Beckenboden, andererseits auf eiszeitlich bedingt warme Winter in Italien zurück. Dieser "homo mediocriter erectus" verfügte über primitive Werkzeuge und Waffen, wie Grabungsfunde belegen. Sein Stammland ist Zentral-Afrika. Explosionsartig breiteten sich die steinzeitlichen Horden entlang des Nils nach Norden aus, erreichten Mesopotamien und wanderten über Landbrücken bis nach Italien. Es gelang ihnen aber nicht, die Alpen zu überqueren. Forscher rätseln darüber, ob außergewöhnliche Einflüsse wie Sonnenflecken oder Meteoriten-Einschläge oder eine nachlassende Fähigkeit zur Fortpflanzung bewirkten, dass der "homo mediocriter erectus" endlich ausstarb. Es ist nicht auszuschließen, dass durch Bakterien oder Viren verursachte Epidemien dazu beigetragen haben. Was immer die Ursache war, sie liegt im Dunkel der Geschichte.

Mensch und Göttin

Neuere Forschungen haben ergeben, dass der Mensch nicht gottähnlich ist, im Gegenteil. Andererseits trägt kein Gott menschliche Züge. Frühe Schriften behaupten, dass Gott den Menschen sich zum Bilde schuf. Eine steile Karriere, bedenkt man, dass ein Klumpen Lehm den Beginn markiert. Ganze Lehrergenerationen haben ihren Ehrgeiz darein gesetzt, die Umkehrung nachzuweisen. Die Feministinnen sind inzwischen fest davon überzeugt, dass der liebe Gott eine Frau war und ist. Göttinnen finden sich auch in anderen Religionen, ausgenommen im Islam. Dieser bedient mit Allah und Mohammed eine ausschließlich männliche Kundschaft, der die Weiber, ob Mütter, Frauen oder Jungfrauen, strikt untergeordnet sind. Frauen werden zwar verehrt, sind aber andererseits als 77 Jungfrauen im Paradies zur Belohnung ausgesetzt für Selbstmord-Attentäter. Dies beschreibt den Stellenwert der Frau im Islam schon ausreichend. In den meisten monotheistischen Religionen ist die Vielweiberei verboten. Moderne Religionsgemeinschaften haben das erste Gebot unter dem Druck der Feministinnen neu formuliert. Es lautet nun: "Ich bin Deine Frau, Deine Göttin. Du sollst keine anderen Frauen haben neben mir". Wehe, ein armer Sünder verstößt gegen dieses Gebot. Dann schaltet sich sofort die Frauenbeauftragte ein und schickt ihn zur Hölle. Aber davor muss er noch durch das Fegefeuer. Inzwischen weiß man, auch diese Göttin ist nur ein spiritueller Reflex der Ewigkeit im Auge des Menschen, der Balken im eigenen Auge.

Fuß und Elend

Neuere Forschungen haben ergeben, dass dem Fuß eine überragende Bedeutung beizumessen ist. Das gilt sowohl für den Zinsfuß als auch für den Versfuß sowie - im Verkehr - dem Bleifuß. Nicht zu verwechseln mit dem Beifuss, einer Pflanzenart. Hier sei auf die Gegensätze zwischen "bleischwer" und "Beischlaf" verwiesen. Gegen solche Widersprüche ist kein Kraut gewachsen, mit oder ohne Hand und Fuß. Auf freiem Fuß zu sein bedeutet nicht automatisch, auch auf Freiersfüßen zu wandeln. Beides aber macht das Leben lebenswert. Wir fußen auf Prinzipien, wenn wir beschränkt sind. Andernfalls sind wir gut zu Fuß - und müssen es auch sein, denn sonst holt uns die Reue ein. Des Menschen Füße sind sein Erdenlos. Der Schwerkraft unterworfen schmerzen sie allezeit. Was ist Herzeleid gegen den Schmerz wunder Füße? Der Fuß ist des Menschen von Gott auferlegte Plage. Groß, schwarz und feucht wie die Augen einer schönen Frau - und immer muffig. Wo drückt Dich der Schuh, fragen wir leichthin. Niemand kümmert sich um unsere schmerzenden Füße. Es gibt die Redensart: "Er lebt auf großem Fuße". Welche Qualen verbergen sich dahinter - im Zeitalter des Plastikgeldes und des Konsums auf Pump? Wegen ihrer globalen Schulden gehen heute nicht mehr einzelne Firmen pleite, sondern ganze Staaten. Eine Folge der negativen Bewertung durch die Rating-Agenturen und des damit verbundenen höheren Zinsfußes. Erst in der Hölle steckt der Teufel unsere Füße ins Feuer. Wir sind, erlöst - und haben nie mehr kalte Füße.

Mücke und Elefant

Neuere Forschungen haben ergeben, dass die Mücke in mehrere Teile zerfällt. Da ist der Flugapparat, mit dem die Mücke die Luft durchquert. Dann der äußerst effektive Stechapparat mit seinem Rüssel, der so klein ist, dass man als Mensch den Mückenstich auf der Haut erst bemerkt, wenn es viel zu spät ist. Dann hat die Mücke schon Blut geschmeckt und sich halb voll gesogen. Das wäre nicht so schlimm, wenn ein Mückenstich keinerlei Jucken hervorriefe und uns auch nicht mit Malaria infizierte. Jeder Mückenstich juckt, aber Malaria ist in diesen Breiten Gott sei Dank selten. Viele Mücken können mörderisch sein, deshalb sind nur tote Mücken gute Mücken. Man kann auch aus Mücken Elefanten machen. Dabei verschwindet als erstes der Flugapparat. Es bleiben die Ohren des Elefanten. Damit fliegt er nicht, jedenfalls nicht aus eigener Kraft. Dann vergleichen wir den Rüssel. Den haben Mücke und Elefant gemeinsam. Aber, die Mücke sticht, der Elefant kann das nicht. Sein Rüssel ist zu stumpf und zu wenig steif. Deswegen eignen sich Mücken nicht als Rohstoff für Elefanten. Mücken stechen wie die Buben beim Skat. Allerdings nur die Weibchen, kurz bevor sie Eier legen. Mückenmännchen stechen nicht. Sie legen auch keine Eier. Aus ihnen kann man meistens auch keinen ordentlichen Elefanten machen. Mückeneier, aus denen später Stechmücken schlüpfen, sind fast unsichtbar, weil sie sehr klein sind. Elefanteneier sind aber unübersehbar. Mindestens darin unterscheiden sich Mücken von Elefanten.

Mensch und Maschine

Neuere Forschungen haben ergeben, dass der Mensch auf dem Gebiet der "Künstlichen Intelligenz" immer mehr ins Hintertreffen gerät. Die Maschine macht das Rennen. Der Mensch wird durch Roboter ersetzt, die von Menschen nicht mehr zu unterscheiden sind. Wer ist Dein Nachbar, Herr Nachbar? Und wer Deine Nachbarin ? Da erhält das alte Bibel-Wort "Und Adam erkannte Eva" eine völlig neue Bedeutung. Die Ersetzung eines Menschen durch eine gleichartig aussehende Maschine hat inzwischen rasende Fortschritte gezeitigt. Zwar ist das Projekt noch nicht für den ganzen Menschen gelungen, jedoch können Teile des Menschen sehr gut durch kleine und kleinste Maschinen ersetzt werden. So können Hörgeschädigte mit Computer-Implantaten im Mittelohr geheilt und dazu gebracht werden, wieder normal zu hören. Selbst bei Impotenz gibt es hoch technisierte Verfahren, um die mangelnde Erektion auf ein normales Niveau zu bringen. Von Herzschrittmachern nicht zu reden. Inzwischen gibt es künstliche Arme, künstliche Hüftgelenke, auch kann man mit Computer-Implantaten Blinde wieder halbwegs sehend machen. Mit der raschen Entwicklung der Nanotechnologie wird es bald keine wesentlichen Hindernisse mehr geben, den Menschen durch einen gleichartigen und gleichwertigen Roboter zu ersetzen. Vom Aussehen her und von der Kommunikation wird es keinerlei Unterschiede geben. Wer ist dann Mensch, wer Maschine? Gott sei Dank gibt es einen zuverlässigen Test: Maschinen kopulieren nicht und saufen auch nicht.

Mensch und Papst

Neuere Forschungen haben ergeben, dass der Mensch denkt und Gott lenkt. Aber Gott hat einen Stellvertreter auf Erden. Und ob dieser Stellvertreter immer hinreichend gut funktioniert, ist äußerst ungewiss. Vielleicht verkündet er Botschaften, die der liebe Gott nicht mitträgt. Der Zölibat ist nicht von Gott verordnet, sondern von Menschen um der Herrschaft über Menschen willen gemacht. Daran kann auch der Stellvertreter Gottes auf Erden nicht viel ändern. Das ist ein Problem der Glaubwürdigkeit. Der Papst ist insofern auch ein Kirchen-Politiker, der als solcher begriffen werden muss. Der Heilige Geist könnte in Benedikt XVI. gefahren sein, aber das muss nicht stattgefunden haben. Jedenfalls können wir es nicht erschließen. Die Weisheit Gottes spricht nicht unbedingt aus Benedikt XVI. Wie der Islam auch, hat er nichts am Hut, also der Mitra, mit dienenden Weibern, Homosexuellen und vielfachen Scheidungen. Vielweiberei ist mit Sicherheit nicht seine Sache. Der Papst ist unfehlbar, d.h., er kann nicht irren. So lautet das Dogma. Was aber sagt uns der gesunde Menschenverstand? Katholiken hin, Katholiken her, der Papst ist inzwischen auch nur ein Mensch, und zwar ein sehr alter. Versteht er die Welt noch? Kennt er sich mit den modernen Techniken aus? Gibt er immer noch die dieselben unvernünftigen Antworten aus dem Mittelalter? Wir wissen es nicht, wir können es nur beobachten. Allerdings ist der Vatikan in Public-Relations immer noch Weltspitze. Und so wird jeder Auftritt des Papstes zu einem staunenswerten Event.

Mensch und Problem

Neuere Forschungen haben ergeben, dass die Entwicklung von modernen Problemgeneratoren durch Miniaturisierung und Nanotechnik erhebliche Fortschritte gemacht hat. Früher mussten Probleme ohne den Einsatz von Computern gelöst werden. Ebenso erforderte die manuelle Komplizierung von Problemen anhand von Akten oder in Konferenzen einen erheblichen Verwaltungsaufwand. Deswegen scheuten manche Bürokraten vor der Umwandlung von einfachen Problemen in Grundsatzfragen vielfach zurück. Die Geschichte lehrt uns, dass erst durch die Konstruktion von autonomen Computern erstaunliche Fortschritte möglich wurden. Die modernen hochgetakteten Problemgeneratoren arbeiten völlig selbstständig und sind sehr effektiv. Durch den Einsatz neuester Lasertechnik und von miniaturisierten Mikroprozessoren sind diese mobilen Anlagen nicht nur in der Lage, Probleme immer weiter zu komplizieren, sondern sie können auch neue Fragen aufwerfen, daraus Grundsatzfragen entwickeln und diese zu echten Problemen ausweiten. Diese werden danach vollautomatisch in unlösbare Probleme umgewandelt. Wie leistungsfähig unsere modernen Problemgeneratoren zur Zeit schon sind, zeigt sich am besten daran, daß die Mehrzahl unserer Problemdeponien in der Europäischen Union nach nur kurzem Probeeinsatz zweier leistungsfähiger Problemgeneratoren völlig überfüllt waren. Das Gegenstück, eine vollautomatische Problembeseitigungsmaschine, wird nach Ansicht von Experten allerdings noch einige Zeit auf sich warten lassen.

Maschine und Mensch

Neuere Forschungen haben ergeben, dass die "Parkinsonschwelle" mithilfe der "Künstlichen Intelligenz" beträchtlich gesenkt werden kann. So sank dieser Index von 820 auf 410, und zwar innerhalb eines Jahres, als man in einer bis dato veralteten Verwaltung moderne Computer installierte. Wissenschaftler sehen in diesem Effekt ein deutliches Anwachsen der Kompetenz verwaltender Maschinen. Zur Erklärung: Die "Parkinsonschwelle" ist definiert als die Grenzzahl der Beschäftigten, oberhalb derer eine organisierte Verwaltung in der Lage ist, sich nur mit sich selbst zu beschäftigen - ohne jeden Impuls von außen. In der Praxis bedeutet dies, dass eine Behörde mit über 800 Mitarbeitern durchaus in der Lage ist, sich ausschließlich mit internen Vorgängen zu befassen. Senkt man diese Anzahl ab, zum Beispiel durch Nichtwiederbesetzung von Stellen, so wird die Verwaltung in der Lage sein, wieder auf Außenimpulse zu reagieren. Nehmen wir an, die Anzahl der Beschäftigten werde halbiert und betrüge nur noch 410. Dann ist die Verwaltung effektiv in der Lage, sich von außen kommenden Impulsen, etwa Bürgeranträgen oder Bürgerbegehren, zu widmen. Wird sie jedoch mit Computern, Netzwerken und Internet-Zugang ausgestattet, sinkt die "Parkinsonschwelle" auch auf die Hälfte. In der Praxis heißt das, dass der E-Mail-Verkehr dermaßen zunimmt, dass auch das papierlose Büro nicht mehr auf Außenimpulse reagieren kann. Somit wäre auf höherer technischer Ebene der alte Zustand wieder hergestellt.

„Maschine und Mensch“